पावर योगा

शरीर को आकर्षक, सुंदर व सुडौल बनाएँ

डाइट प्लान के साथ

पावर योगा

शरीर को आकर्षक, सुंदर व सुडौल बनाएँ

डाइट प्लान के साथ

योगाचार्य

राजीव जैन "त्रिलोक"

रक्षा मंत्रालय (भारत सरकार) के राजभाषा पुस्तक पुरस्कार से सम्मानित

MANJUL

मंजुल पब्लिशिंग हाउस

MANJUL

मंजुल पब्लिशिंग हाउस

कॉरपोरेट एवं संपादकीय कार्यालय

• द्वितीय तल, उषा प्रीत कॉम्प्लेक्स, 42 मालवीय नगर, भोपाल-462 003

विक्रय एवं विपणन कार्यालय

• सी-16, सेक्टर 3, नोएडा, उत्तर प्रदेश - 201301, इंडिया

वेबसाइट : www.manjulindia.com

वितरण केन्द्र

अहमदाबाद, बेंगलुरू, कोच्चि, कोलकाता, चेन्नई,
हैदराबाद, मुम्बई, नई दिल्ली, पुणे

प्रथम संस्करण : 2014
8वीं आवृत्ति 2025

ISBN 978-81-8322-432-1

मूल्य : ₹225

मुद्रण व जिल्दसाज़ी : रेप्रो इंडिया लिमिटेड

इस पुस्तक के माध्यम से प्रकाशक या लेखक का आशय पाठकों को कोई भी पेशेवर सलाह या सेवा देना नहीं है। पुस्तक में बताए गए विचार, प्रक्रियाएँ और सुझाव किसी भी चिकित्सकीय सेवा का विकल्प नहीं हैं। इसलिए स्वास्थ्य से संबंधित किसी भी मामले में चिकित्सकीय परामर्श को ही प्राथमिकता दें। इसमें दी गई किसी भी जानकारी या सूचना के उपयोग से यदि किसी पाठक को कोई हानि होती है तो प्रकाशक और लेखक की कोई जवाबदेही नहीं होगी।

विषय सूची

विषय सूची

आमुख

अनादि काल से ही योग को प्रायोगिक रूप से अपनाया जाता रहा है। और किसी न किसी रूप में लोगों ने इससे लाभ भी उठाया है। योग के भी सैकड़ों रूप देखने में आए हैं। चाहे वह ज्ञानयोग हो, कर्मयोग हो, राजयोग हो, अष्टांगयोग हो या ध्यानयोग, क्रियायोग या फिर हठयोग। इन सभी योग ने हमें किसी न किसी रूप में लाभ पहुँचाया है। समयानुसार भी साधकों ने तरह-तरह के व्यायाम व योग की खोज की या ऐसा कह सकते हैं कि साधकों ने अपनी ज़रूरतों के अनुरूप योग का आधुनिकीकरण किया।

कहीं-कहीं इसे विकृत रूप में प्रस्तुत किया गया और कहीं-कहीं इसके आठों अंगों को आत्मसात कर परमानंद की अवस्था (समाधि) तक पहुँचकर मोक्ष तक की यात्रा की गई।

योग कोई सा भी हो, कैसा भी हो, कहीं पर भी हो, उसे व्यवस्थित तरीक़े से करने पर ही लाभ मिलता है। योग हमारे देश की ही देन है। विदेशों से लोग भारत यात्रा पर आए और इसे सीखकर अपने साथ ले गए तथा वहाँ जाकर उन्होंने अपने हिसाब से इसका नामकरण कर दिया।

पावर योगा इसी श्रृंखला का एक रूप है। अमेरिका के दो योग शिक्षक मि. बेरिल बैंडर बर्च और बेरथ बैपटिस्ट जो कि श्री के. पट्टाभि जॉइस के शिष्य थे, उन्होंने पावर योगा को प्रस्तुत किया। आज विदेशों में पावर योगा और विन्यास योगा ने ख़ूब धूम मचा रखी है, परंतु एक बात है कि किसी न किसी बहाने लोग योग कर रहे हैं और शारीरिक तथा मानसिक लाभ प्राप्त कर रहे हैं।

कई वर्षों से हम योग की कक्षाएँ ले रहे हैं एवं कई योग की कक्षाओं में जाते हैं। वहाँ जाकर हम देखते हैं कि योग सीखने वाले बहुत ज़्यादा रुचिपूर्वक नहीं सीख रहे हैं। कई साल से उतने ही लोग वहाँ आ रहे हैं, जितने शुरुआत में थे। इस उदाहरण को देने की वजह योग के प्रस्तुतिकरण में बदलाव लाना है। सिखाने वालों को भी तब अच्छा लगता है जब सीखने वाला रुचि ले रहा हो। योग के सिद्धांत तो वही हैं परंतु उसके प्रस्तुतिकरण में थोड़ा सा बदलाव लाना होता है। पावर योगा का भी आविष्कार बस इन्हीं कारणों से हुआ है।

हमने इस पुस्तक के माध्यम से पूरा प्रयास किया है कि आपको परंपरागत तरीक़े से ही जोड़कर पावर योगा के बारे में बताएँ। इसके दो कारण हैं, एक तो हम अपने परंपरागत तरीक़े के योग से जुड़े रहेंगे और

दूसरा इसके आधुनिकीकरण के तरीक़े को भी समझ लेंगे।

हमारा निवेदन है कि पहले पूरी पुस्तक पढ़ें तत्पश्चात् अपने रोग या फिर आप किस कारण से योग करना चाहते हैं वह ध्यान में रखें और सारणी तैयार करें। इसके बाद पूरी गहराई व सजगता के साथ अभ्यास शुरू करें।

यह दुनिया की पावर योगा पर हिंदी में पहली पुस्तक है। हमने पूरा प्रयास किया है कि आपको अधिक से अधिक जानकारी प्रदान करें। हमने इस पावर योगा को अपने तरीक़े से लिखा है। इसमें सावधानियाँ, लाभ, श्वास-प्रश्वास की कला, गतिमय योग, प्राणायाम, आहार एवं पोषण व और भी कई जानकारियाँ दी गई हैं।

हमारी शुभकामनाएँ हैं कि आप जल्दी स्वस्थ हों, खुशहाल हों, तनाव से मुक्त हों, शारीरिक रूप से व आर्थिक रूप से समृद्ध हों। आप सुंदर और मुस्कराते हुए दिखें। आपकी सोच सकारात्मक हो और एक दिन आप महान बनकर इस दुनिया को भी संपूर्ण स्वास्थ्य प्रदान करने में सहायक सिद्ध हों।

योगाचार्य राजीव जैन "त्रिलोक"

ईमेल : rajeevjaintrilok@gmail.com, मोबाइल : 09826530366

इति शुभम्

आभार

मैं परम शुद्धात्मा पंचपरमेष्ठी भगवान को नमोस्तु करता हूँ एवं अपने माता-पिता, पूर्वजों व कुलदेवताओं को भी प्रणाम करता हूँ, जिन्होंने यह आशीर्वाद रूपी दिव्यतम सहयोग प्रदान किया।

मैं आभार व्यक्त करता हूँ मंजुल पब्लिशिंग हाउस के डायरेक्टर श्रीमान विकास रखेजा साहब एवं श्रीमती अनु रखेजा का, जिन्होंने मुझे लिखने की प्रेरणा ही नहीं वरन् अपना वात्सल्य भी प्रदान किया।

इस पुस्तक की फ़ोटोग्राफ़ी, फ़ोटो-एडिटिंग, डिज़ाइनिंग, टाइपसेटिंग, एडिटिंग और प्रूफ़रीडिंग का कार्य श्री प्रवीण शर्मा एवं श्रीमती गार्गी शर्मा की लगनशीलता व रचनात्मकता से संपन्न हुआ। पुस्तक को सुंदर स्वरूप प्रदान करने के लिए मैं आप दोनों का हृदय से आभारी हूँ।

मैं आभारी हूँ अपने सभी शुभचिंतकों का एवं मेरी पत्नी आशा जैन, पुत्री अनुश्री जैन एवं पुत्र आदीश जैन का, जो हमेशा मेरे साथ मेरी छाया बनकर रहे। मैं कु. ख़ुशबू और कु. सुरभि एवं उन सभी को धन्यवाद देता हूँ, जिन्होंने प्रत्यक्ष व परोक्ष रूप से अपना सहयोग प्रदान किया।

पावर योगा – एक परिचय

पावर योगा पारंपरिक योग की ही एक नई शाखा है। ऐसा कह सकते हैं क्योंकि योग, व्यायाम एवं प्राणायाम की परंपरा हमारे देश में अनादि काल से रही है।

दुनिया में लगभग हर वस्तु परिवर्तनशील है और समयानुसार प्रत्येक व्यक्ति अपने आपको ढाल भी लेता है एवं नई-नई तकनीकों की खोज करता रहता है। समय जब बदलता है तो जगत के समस्त जीव धीरे-धीरे (चाहे वह पेड़-पौधे हों, जानवर हों, पक्षी हों या मनुष्य) अपनी बुद्धि द्वारा नए-नए प्रयोग कर अधिक से अधिक लाभ पाना चाहते हैं।

हमारे देश में ही योग के कई रूप एवं तकनीकें हैं। पूरी दुनिया में व्यायाम की कई पद्धतियाँ विकसित हुई हैं और उनके कई नाम सामने आए हैं। और इसी शृंखला में दो अमेरिकन व्यक्तियों ने योग की इस विधा का नाम *पावर योगा* दिया।

कुछ लोगों का कहना है कि पावर योगा हमारे पारंपरिक योग का ही आधुनिकीकरण है। असल में विदेशों में एथलीट एक प्रकार का व्यायाम करते थे, जिसमें कई तकनीकें शामिल थीं। जैसे : ऐरोबिक्स, गतिमय योग, संगीत और साथ में नृत्य, ऐक्शन और विशेष शैली।

हुआ यह कि लोगों को इसमें आनंद आने लगा। उन्हें लाभ मिलने लगा एवं वे अपने आपको ऊर्जावान महसूस करने लगे और वाकई पावर योगा एक अच्छा तरीक़ा है जिसमें हम अपने शरीर की क्षमता बढ़ा सकते हैं। जो कार्य हमारा शरीर नहीं कर पाता, यह उन कार्यों में रुचि पैदा करता है एवं उन्हें विकसित करता है और सहायता करता है। शरीर को लचीला और सुडौल बनाने में, आधुनिक लोगों का आकर्षण व उनकी सजगता बढ़ाने में, पावर योगा काफ़ी कारगर सिद्ध हुआ है।

दो अमेरिकी योग शिक्षक बेरिल बैंडर बर्च और बेरथ बैपटिस्ट ने ही पावर योगा का आविष्कार किया जो कि श्री के. पट्टामी जॉइस के

शिष्य थे। जिन्होंने विदेशों में भारतीय अष्टांग योग के बारे में बताया था। यह अमेरिका तथा दुनिया के पश्चिमी भाग में पावर योगा तथा बाक़ी देशों में विन्यास योगा के नाम से जाना जाता है। यह पहला योग है जिसमें योग की कला को अमेरिका में, उस पर काम करके, विख्यात किया गया। यह भी एक कारण है कि आज योगा कई देशों में किया जा रहा है।

पावर योगा क्या है

पावर योगा वह है जिसमें आप अपनी फ़िटनेस पर ध्यान देते हैं और जिसे आप तीव्रता से करते हैं। इस प्रकार के योग से आप स्वयं को लचीला और मज़बूत बना सकते हैं।

विदेशी लोगों के लिए यह एक मानसिक तथा शारीरिक बल देने वाला अर्थात् शक्तिशाली और तंदुरुस्ती पर आधारित है। यह एक गतिमय शैली है। पावर योगा कैलोरी को जलाने में मदद करता है। यह उन लोगों के लिए है जो शारीरिक अभ्यास से जुड़े हुए है।

पावर योगा हृदय की गति को तेज़ तथा तनाव को कम करने में सहायक है। इसके अभ्यास से पसीना आता है, जिससे शरीर के विषैले तत्व निष्कासित होते हैं।

शुरू-शुरू में इसे लोगों ने जिम योगा का प्रारंभ समझा, परंतु वैसे देखें तो इसकी जड़ें अष्टांग योग में ही समाहित हैं। यह एक गतिवर्धक क्रिया है। यह हमारी शक्ति, हमारी स्थिति, हमारा आत्मविश्वास और मनोबल बढ़ाती है।

हमारे पारंपरिक योग और पावर योगा में मुख्य अंतर श्वास एवं गति का है। पारंपरिक योग में श्वास पर ध्यान केंद्रित करते हुए धीमी गति से योग किया जाता है और पावर योगा में हमारा ध्यान चाल या गति पर होता है एवं यह तेज़ गति से किया जाता है।

पावर योगा कैसे करना चाहिए

अपनी शारीरिक स्थिति या जो आसन आप कर रहे हैं उनसे हमेशा वाकिफ़ हों। इसमें एक ख़ास बात यह होती है कि आपने आसन सही

लगाया है या नहीं। बहुत ज़्यादा ध्यान देने की आवश्यकता नहीं रहती परंतु कोई समस्या हो तो तुरंत योग प्रशिक्षक से सलाह लेनी चाहिए।

अपनी पहली स्थिति से दूसरी स्थिति में जल्दी जाना चाहिए। परंतु आपके आसन एक प्रवाह में एक साथ होने चाहिए।

ऊपर से नीचे व नीचे से ऊपर की अवस्था में जाने में आपको बहुत कम समय लगना चाहिए। आपके आसनों में एक निरंतरता आनी चाहिए।

प्रत्येक क्रिया को या तो श्वास लेकर करें या श्वास छोड़कर प्रारंभ करें (यदि श्वास संबंधी निर्देश दिए हों तो उनका पालन करें)। साथ ही श्वास क्रिया का एक ही समय रखें। यदि आप 4 सेकेंड में श्वास लेते हैं तो 4 सेकेंड में ही श्वास छोड़ें।

यदि आपको पावर योगा के पूरे-पूरे लाभ चाहिए तो किसी योग कक्षा से जुड़ जाएँ। आप पावर योगा की सही तकनीक वहीं सीख पाएँगे जहाँ एक अनुभवी योग प्रशिक्षक सिखा रहा हो। यदि योग कक्षा में न जा पा रहे हों तो वीडियो सी.डी. देखकर योग की बारीकी सीखें और सही ढंग से अभ्यास करें या योग प्रशिक्षक से संपर्क करें।

पावर योगा का उपयोग क्यों करें

- क्योंकि यह हमारी क्षमता बढ़ाता है।
- क्योंकि यह मांसपेशियों की शक्ति विकसित करता है।
- क्योंकि यह रोग प्रतिरोधक क्षमता बढ़ाता है।
- क्योंकि यह हमारा आत्मविश्वास और मनोबल बढ़ाता है।
- क्योंकि यह हमें ऊर्जावान और जागरूक रखता है।

पावर योगा कब करना चाहिए

पावर योगा को अलग-अलग समय पर किया जा सकता है, लेकिन योग कोई भी हो भोजन के 3 से 4 घंटे के बाद करना चाहिए या सुबह शौचादि से निवृत्त होकर ख़ाली पेट करना चाहिए। साथ ही जो सावधानियाँ दी गई हैं उनका ध्यान रखकर अपने शरीर को स्वस्थ रखना चाहिए।

पावर योगा से लाभ कैसे लें

समय एवं स्थान निश्चित करें और श्वास क्रिया सीखें। यह क्रिया आपको एक लय में लाएगी। अपनी सीमा ध्यान में रखें एवं अच्छा आचरण रखें। यदि आपकी क्रिया या आसन और श्वास एक साथ रहेंगे तो आप सचमुच इस योग का आनंद ले पाएँगे। अपनी प्रत्येक क्रिया को धीरे, क्रमशः आसन तथा प्राकृतिक श्वास से प्रारंभ करें और शरीर के प्रति सजग रहें। फिर प्राणायाम करें तथा गहरी श्वास लें व छोड़ें। यह श्वास क्रम आपको ऊर्जावान तथा जागरूक रखता है। अपने लक्ष्य को ध्यान में रखें और एक समय सूची बनाएँ। यदि घर पर ही अभ्यास कर रहे हैं तो रोग के अनुसार योग का चुनाव करें। भले ही पावर योगा कर रहे हों परंतु धैर्यपूर्वक करें।

पावर योगा करते समय क्या सावधानियाँ रखनी चाहिए

कभी भी अपनी शक्ति से ज़्यादा न करें। अत्यधिक थकान होने पर क्षणिक विश्राम करें। रोग की अधिकता में सही योग चुनें और क्रमशः धीरे-धीरे ही शुरू करें। श्वास क्रिया पर ध्यान दें। और अच्छे से करें।

अचानक तेज़ गति से एवं बिना समझे पावर योगा नहीं करना चाहिए अन्यथा दुष्प्रभाव हो सकता है। पहले अपने शरीर को वार्मअप कर लें। पूरी पुस्तक पढ़ें और यदि कुछ समझ न आ रहा हो तो पावर योगा के किसी योग शिक्षक से संपर्क करें। अत्यधिक थकान होने पर शवासन अवश्य करें।

पावर योगा के क्या लाभ हैं

- वज़न घटाने में मदद करता है।
- हमारे शरीर के विषैले तत्व निकाल देता है।
- पावर योगा प्रतिदिन करके बहुत सी बीमारियों से बचा जा सकता है।
- रक्तसंचार सुचारु करता है।
- हमारी ध्यान लगाने की क्षमता का विकास करता है।

पावर योगा

- एकाग्र शक्ति बढ़ाता है।
- शरीर की स्थिति अच्छी करता है। साथ ही शरीर को मज़बूती व शक्ति प्रदान करता है, लेकिन साथ ही लचीलापन भी देता है।
- हमारे द्वारा ली जाने वाली ऑक्सीजन को शरीर के हर अंग तथा नसों में पहुँचाता है।
- यह हमारे पाचन तंत्र को अच्छा करता है।
- पावर योगा हमारे जीवन में तनावमुक्ति मंत्र के रूप में काम करता है।
- एथलेटिक्स वालों के लिए यह सबसे अच्छा साबित होता है।
- पावर योगा आपके जीवन के हर एक पहलू को निखारता है तथा आपको स्वस्थ व ख़ुशहाल जीवन प्रदान करता है।
- पावर योगा 30 मिनट में 240 कैलोरी से भी ज़्यादा जलाता है।
- पावर योगा क्रॉनिक डिसीज़ से पीड़ित व्यक्तियों को भी बीमारी से लड़ने में सहायता करता है।
- पावर योगा आपके जेनेटिक्स को सुधारता है।
- पावर योगा आपकी क्षमताओं का विकास करता है।
- यह आज्ञाचक्र को भी विकसित करता है।
- पावर योगा मानसिक और शारीरिक रूप से बहुत लाभ पहुँचाता है।
- पावर योगा करते रहने से श्वास क्रिया सही होती है।
- पावर योगा हमारा स्टेमिना भी बढ़ाता है।
- हमारी हड्डियों तथा जोड़ों को मज़बूती देता है।
- हमें संतुलन प्रदान करता है।
- यह श्वास और हृदय की गति को नियंत्रित करता है।
- मानसिक शांति देता है। अवसाद दूर करता है।
- अनुशासन में रहना सिखाता है।
- रोग प्रतिरोधक क्षमता बढ़ाता है।
- सभी उम्र वालों को चाहे वह महिला हो या पुरुष, बच्चा हो या बुज़ुर्ग सभी के लिए यह कारगर साबित होता है।
- शरीर को सुंदर, सुडौल व आकर्षक बनाता है।
- पावर योगा ग़ज़ब की ऊर्जा प्रदान करता है और दिन भर तरोताज़ा रखता है।

वर्कआउट–1

अभ्यास–1

इस अभ्यास में हम अपने ही स्थान पर जंपिंग (कूदने) की क्रिया करेंगे।

- अपने स्थान पर सीधे खड़े हो जाएँ।
- अब पंजों पर ज़ोर देते हुए पूरे शरीर को ऊपर की तरफ़ उठाएँ।
- इस क्रिया में एड़ी को नितंबों पर मारें।
- हाथों को कोहनियों से मोड़कर कमर के अगल-बगल में रखें।
- उचकते समय श्वास लें और नीचे आते समय श्वास छोड़ें।
- यह क्रिया 10 से 15 बार करें।
- शुरू में चाहें तो 5 से 8 बार करें या 10 से 15 सेकेंड तक ही करें।
- शरीर और श्वास के प्रति पूर्णतः सजग रहें।

लाभ

- फेफड़े अधिक मात्रा में ऑक्सीजन ग्रहण करते हैं।
- रक्तसंचार पूर्णतः तेज़ी के साथ हृदय में पहुँचता है।
- पूरा शरीर सुगठित होता है।
- मोटापे को कम करता है।
- शरीर में स्फूर्ती लाता है।

सावधानियाँ

- चूँकि इस क्रिया में थोड़ा ज़ोर लगता है, अतः कमज़ोर व्यक्ति न करें या क्रमशः करें।
- उच्च-रक्तचाप से पीड़ित व्यक्ति और हृदय रोगी शरीर की अवस्था का ध्यान रखें।

अभ्यास–2

इस अभ्यास में हम क़दमताल करेंगे।

- पहले धीरे और फिर तेज़ गति से क़दमताल करें।
- खड़े हो जाएँ और धीरे-धीरे अपने ही स्थान पर क़दमताल करें।
- अब गति बढ़ाते हुए अपने ही स्थान पर धीरे-धीरे दौड़ें।
- व्यायाम करने में पंजों का उपयोग करें।
- दौड़ते समय हाथों को जिस प्रकार रखा जाता है, वैसे ही कोहनियों से मोड़ते हुए हाथों की स्थिति बनाएँ।
- लगभग 100 से 150 बार यह क्रिया करें या लगभग 40 से 45 सेकेंड तक करें।

श्वास

- गहरी व लंबी श्वास लें एवं छोड़ें।

लाभ

- पैरों को मज़बूती मिलती है।
- जंघाएँ सुडौल बनती हैं।
- फेफड़े मज़बूत होते हैं। अतः ऑक्सीजन लेने की क्षमता बढ़ती है।
- पूरे शरीर में रक्तसंचार सुचारु होता है।

सावधानियाँ

- जब क्रिया करें तब शरीर सीधा रखें।
- शरीर और श्वास के प्रति सजग रहें।
- उच्च-रक्तचाप या हृदय रोग हो तो धीरे-धीरे करें या न करें।

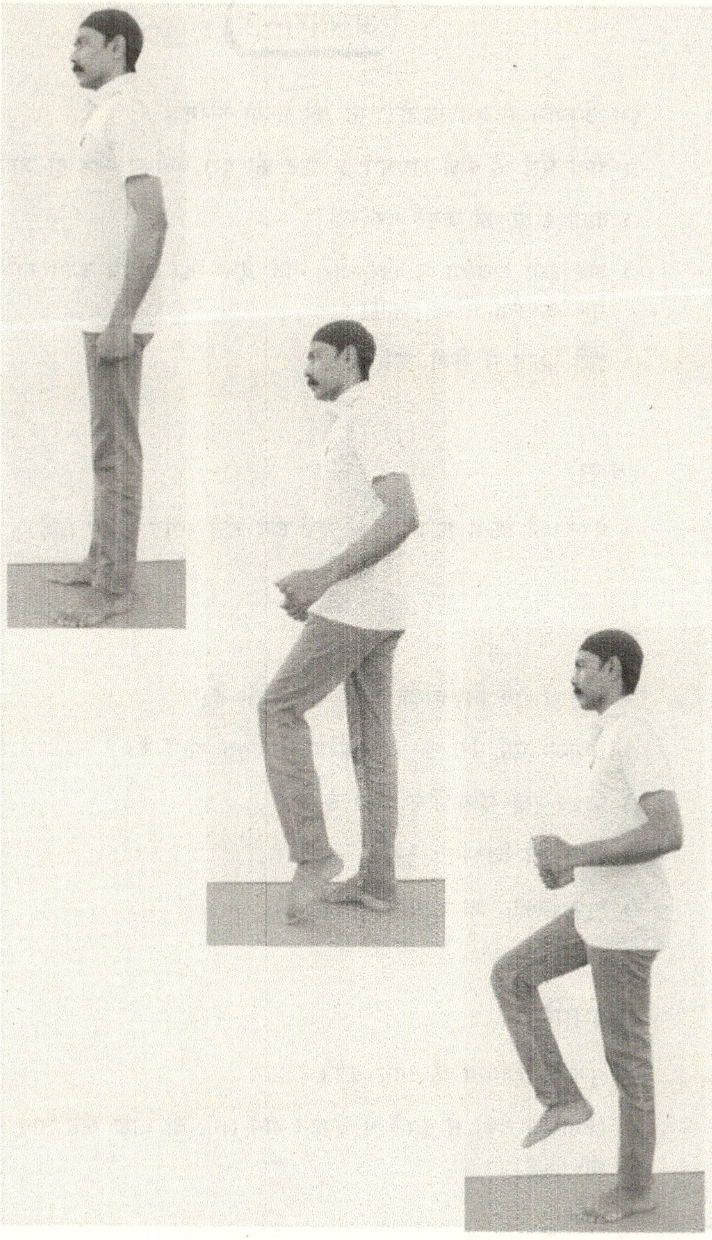

अभ्यास–3

इस अभ्यास में हम त्रिलोकासन की क्रिया करेंगे।

- दोनों पैरों के बीच लगभग 3 फ़िट की दूरी बनाकर खड़े हो जाएँ।
- दोनों हाथों को कमर पर रखें।
- अब इसी अवस्था में धीरे-धीरे नीचे बैठने का प्रयास करें। वापस मूल अवस्था में आ जाएँ।
- इसी क्रिया में तेज़ी लाएँ।

श्वास

- बैठने की क्रिया में श्वास लें एवं खड़े होते समय श्वास छोड़ें।

लाभ

- जंघाओं एवं नितंब की चर्बी कम होती है।
- जंघाओं एवं पैरों की मांसपेशियाँ मज़बूत होती हैं।
- पाचन तंत्र क्रियाशील होता है।
- क़ब्ज़ की शिकायत दूर हो जाती है।
- वायु विकार का शमन होता है।

सावधानियाँ

- पूर्णतः सजगता के साथ करें।
- क्रिया को तेज़ी से करने में थकान होने लगे, तो थोड़ा रुक जाएँ या धीरे करें।

अभ्यास–4

इस अभ्यास में हम गतिमय त्रिलोकासन करेंगे।

- दोनों पैरों के बीच लगभग 3 फ़िट की दूरी बनाकर खड़े हो जाएँ।
- दोनों हाथों को कमर पर रखें।
- अब दाएँ पैर पर वज़न देते हुए घुटने को मोड़ें।
- जितना अधिक झुक सकते हैं उतना झुकें।
- वापस मूल अवस्था में आ जाएँ।
- यही क्रम दोहराते हुए बाएँ पैर पर वज़न देते हुए घुटने को मोड़ें। और वापस मूल अवस्था में आ जाएँ।
- इन्हीं क्रियाओं में तेज़ी लाएँ।
- दोनों तरफ़ से 5 से 10 बार करें।

विशेष

- यदि दाएँ पैर को मोड़ते हैं तो बाएँ पैर को लंबवत ही रखें।

श्वास

- घुटने को मोड़ते समय श्वास छोड़ें और वापस मूल अवस्था में आते समय श्वास लें।

लाभ

- बुढ़ापे में पैरों में होने वाला कंपन नहीं होता।
- पैर सशक्त और सुडौल होते हैं।
- जंघाओं एवं नितंब पर जमी चर्बी कम होती है।
- पाचन तंत्र सक्रिय होता है।

अभ्यास–5

इस अभ्यास में हम गतिमय तिर्यक त्रिलोकासन करेंगे।

- दोनों पैरों के बीच 3 फ़िट की दूरी बनाकर खड़े हो जाएँ।
- दोनों हाथों को कमर पर रख लें।
- कमर से निचले हिस्से को स्थिर रखते हुए नाभि से ऊपर के हिस्से को बाईं तरफ़ मोड़ें।
- अब नाभि से ऊपर के हिस्से को सामने की तरफ़ झुकाकर समकोण की स्थिति निर्मित करें।
- वापस मूल अवस्था में आ जाएँ।
- यही क्रिया फिर से बाईं तरफ़ ही करें एवं इसमें तेज़ी लाएँ।
- पाँच बार यह क्रिया दोहराएँ।
- इसी क्रिया को दाईं तरफ़ से पहले धीरे-धीरे करें तत्पश्चात् क्रिया में तेज़ी लाएँ।
- 10 से 15 बार इस क्रिया को दोहराएँ।

विशेष

- शरीर का निचला भाग स्थिर रखें।

श्वास

- इस क्रिया में क्रमशः पहले नाभि से ऊपर के हिस्से को बाईं तरफ़ मोड़कर सामने की तरफ़ झुकाकर समकोण बनाते हुए श्वास छोड़ना है। (उपरोक्त क्रिया दाईं तरफ़ से भी करें।)
- ऊपर उठते समय श्वास लेना है।

लाभ

- पाचन तंत्र क्रियाशील होता है।
- पेट की चर्बी कम होती है।
- शरीर को सही आकार प्रदान कर सुंदर, आकर्षक व सुडौल बनाता है।
- मेरुदंड में लोच पैदा होती है।

अभ्यास–6

इस अभ्यास में हम कटि वृत्तासन की क्रिया करेंगे।

- दोनों पैरों के बीच 1 फ़िट की दूरी बनाकर खड़े हो जाएँ।
- दोनों हाथ कमर पर रखें।
- अब कमर को गोल-गोल घुमाना है अतः कमर को आगे की तरफ़ करते हुए, बाईं तरफ़ से घुमाकर पीछे लाते हुए, दाईं तरफ़ ले जाएँ और कमर के हिस्से को आगे करें।
- धीरे-धीरे इसी क्रम को करते हुए इसमें तेज़ी लाएँ।
- इसी अभ्यास को दाईं तरफ़ से करते हुए बाईं तरफ़ लाएँ और कमर के हिस्से को आगे की तरफ़ झुकाएँ।
- 40 से 50 बार बाएँ से दाएँ गोल-गोल एवं वापस विपरीत दिशा (दाएँ से बाएँ) में 40-50 बार दोहराएँ।

विशेष

- सिर्फ़ कमर और उसके ऊपरी हिस्से को ही गतिमय बनाएँ।

श्वास

- यथासंभव आगे जाते समय श्वास लें और कमर को पीछे करते समय श्वास छोड़ें।

लाभ

- कमर को छरहरा बनाता है।
- कमर और पेट पर जमी चर्बी को तेज़ी से कम करता है।
- पाचन तंत्र मज़बूत करता है।
- वज़न कम करने में सहायक है।
- शरीर को सुंदर, आकर्षक व सुडौल बनाता है।
- नितंबों को सही आकार देता है।

अभ्यास–7

इस अभ्यास में पहले हम ताड़ासन और फिर तिर्यक ताड़ासन करेंगे।

- सीधे खड़े हो जाएँ।
- हाथों को ऊपर की तरफ़ तानकर पंजों के बल खड़े हो जाएँ और वापस मूल अवस्था में आ जाएँ।
- इसी क्रम को 5 से 6 बार करें।
- अब इसी अवस्था में बाईं तरफ़ कमर से ऊपर के भाग को झुकाएँ। वापस मूल अवस्था में आ जाएँ।
- ताड़ासन की ही अवस्था में कमर से ऊपर के हिस्से को दाईं तरफ़ झुकाएँ। वापस मूल अवस्था में आ जाएँ।
- दोनों तरफ़ से बारी-बारी से इस क्रम को दोहराते हुए इसमें तेज़ी लाएँ।

श्वास

- कमर झुकाते समय श्वास छोड़ें एवं ऊपर उठते समय श्वास लें।

लाभ

- कमर के हिस्से में जमी चर्बी कम होती है।
- कमर पतली और सुंदर हो जाती है।
- पाचन प्रणाली सुचारु होती है।
- पेट का मोटापा कम होता है।
- शरीर का वज़न कम कर इसे सुंदर व आकर्षक बनाता है।

सावधानी

- यदि एड़ी उठाते हुए कमर मोड़ने पर परेशानी का अनुभव हो तो एड़ी को वापस नीचे कर दें।

अभ्यास–8

इस अभ्यास में हम उत्थित हस्त पादांगुष्ठासन की क्रिया करेंगे।

- अपने आसन पर खड़े हो जाएँ।
- चूँकि बाएँ पैर को उठाना है अतः बाएँ पैर को सीधा उठाते हुए धरती के समानांतर करें।
- बाएँ हाथ से बाएँ पैर के अंगूठे को पकड़ें और उसे लंबवत् तानते हुए ऊपर की तरफ़ ले जाएँ।
- यह क्रिया करते समय बाएँ हाथ को कमर पर या ऊपर की तरफ़ रखें या पैर के अंगूठे को पकड़ें।
- यही क्रिया दूसरे पैर से भी करें।
- दोनों पैरों से 10-10 बार करें।

श्वास

- पैरों को उठाते समय श्वास लें और नीचे करते समय श्वास छोड़ें।

लाभ

- नितंब के जोड़ और मांसपेशियाँ मज़बूत होते हैं।
- संतुलन की वजह से शरीर और मन पर नियंत्रण होता है।
- नितंबों एवं जंघाओं का मोटापा दूर होता है।
- पैरों को मज़बूती मिलती है।

सावधानियाँ

- अभ्यास करते समय संतुलन पर ध्यान दें।
- संतुलन बनाते हुए पैर के अंगूठे को पकड़ना और ऊपर की तरफ़ खींचने की क्रिया में गति लाएँ।
- साइटिका से पीड़ित व्यक्ति इस आसन को न करें।

अभ्यास–9

इस अभ्यास में हम उत्तानासन की क्रिया करेंगे।

- दोनों पैरों के बीच लगभग 2 फ़िट की दूरी बनाते हुए खड़े हो जाएँ।
- दोनों हाथों को छाती के सामने की ओर नमस्कार की मुद्रा में रख लें।
- अब धीरे-धीरे बैठने का प्रयास करें।
- जितना अधिक बैठ सकते हैं बैठें।
- वापस खड़े हो जाएँ।
- यही क्रम 5 से 10 बार दोहराएँ।

श्वास

- बैठते समय श्वास छोड़ें एवं उठते समय श्वास लें।

लाभ

- प्रजनन तंत्र को लाभ मिलता है।
- पैरों की मांसपेशियों को लाभ मिलता है।
- मूत्राशय और गर्भाशय के विकारों का शमन होता है।
- पीठ व मेरुदंड के सामान्य विकार दूर करता है।
- जंघा और नितंब की चर्बी को कम करता है।

सावधानियाँ

- पैर के दोनों पंजे बाहर की तरफ़ मुड़े हुए रखें।
- पहली बार बैठते न बने तो क्रिया को क्रमशः अभ्यास में लाएँ।
- सिर एवं मेरुदंड को सीधा रखने का प्रयास करें।

अभ्यास–10

इस अभ्यास में हम वीर भद्रासन की क्रिया करेंगे।

- अपने आसन पर खड़े हो जाएँ।
- दोनों हाथों को ऊपर की तरफ़ तान दें और आपस में फँसा लें।
- अब एक पैर पर संतुलन बनाते हुए सामने की तरफ़ झुकें एवं दूसरे पैर को पीछे ले जाएँ।
- इस स्थिति में एक पैर पर संतुलन होगा और पूरा शरीर लंबवत् धरती के समानांतर होगा।
- वापस आएँ और फिर इसी क्रिया को संतुलन बनाते हुए करें। अभ्यास में तेज़ी लाएँ।
- दूसरे पैर से भी उपरोक्त क्रिया करें।

श्वास

- झुकते समय श्वास छोड़ें एवं वापस लौटते समय श्वास लें।

लाभ

- संतुलन के कारण शरीर और मन दोनों को नियंत्रित करता है।
- रक्तसंचार यथावत् करता है।
- पैरों की मांसपेशियाँ मज़बूत करता है।
- चेहरे की लालिमा को बढ़ाता है।
- शरीर को छरहरा बनाता है।

सावधानी

- उच्च-रक्तचाप से पीड़ित व्यक्ति अभ्यास धीरे-धीरे करें।

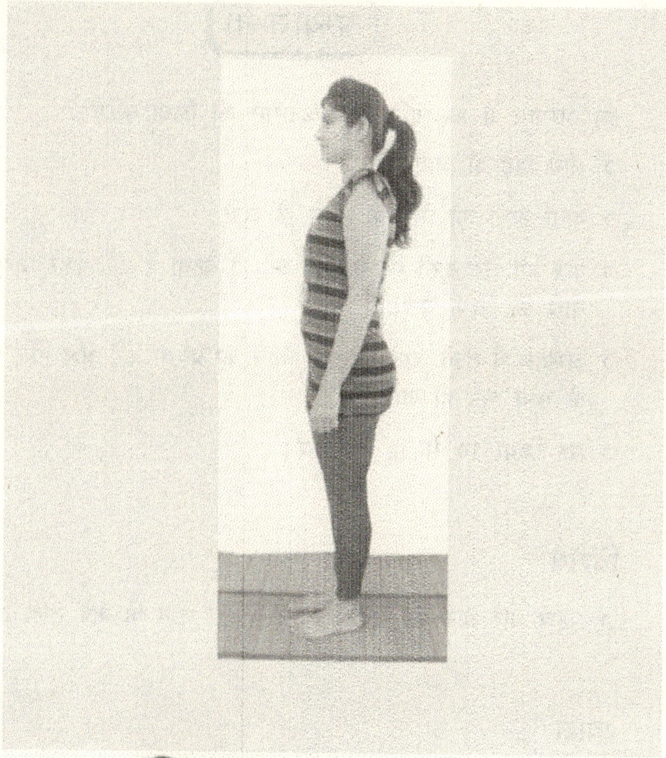

अभ्यास–11

इस अभ्यास में हम गतिमय उत्कटासन की क्रिया करेंगे।

- सीधे खड़े हो जाएँ।
- दोनों हाथों को सिर के ऊपर ले जाएँ।
- अब हम जैसे कुर्सी पर बैठते हैं वैसे ही बैठना है और फिर धीरे-धीरे नीचे की तरफ़ बैठें।
- अभ्यास में तेज़ी लाते हुए पूरा बैठने का प्रयास करें और फिर तेज़ी के साथ खड़े हो जाएँ।
- यह क्रिया 10 से 12 बार करें।

विशेष

- पहले धीरे-धीरे करें एवं अभ्यास में आ जाने के बाद तेज़ी लाएँ।

श्वास

- बैठते समय श्वास छोड़ें और उठते समय श्वास लें।

लाभ

- नितंब सुडौल होते हैं।
- जंघाएँ व पैर मज़बूत होते हैं।
- पीठदर्द व साइटिका से पीड़ित व्यक्तियों के लिए लाभदायक है।
- शरीर की अतिरिक्त चर्बी कम करता है।
- शरीर में स्फूर्ति लाता है।
- पाचन तंत्र ठीक करता है।

अभ्यास–12

इस अभ्यास में हम गतिमय त्रिकोणासन की क्रिया करेंगे।

- दोनों पैरों के बीच लगभग 3 फ़िट की दूरी बनाकर खड़े हो जाएँ।
- दोनों हाथों को फैला लें।
- अब दाएँ हाथ से बाएँ पैर के अंगूठे को स्पर्श करना है। अतः शरीर को आगे झुकाते हुए बाएँ अंग को मोड़ें।
- इस क्रिया में बायाँ हाथ आकाश की तरफ़ हो जाएगा।
- यथासंभव सिर घुमाकर बाएँ हाथ को देखने का प्रयास करें। वापस मूल अवस्था में आएँ।
- यही क्रिया दूसरी तरफ़ से भी करें।

विशेष

- अभ्यस्त हो जाने पर क्रिया को तेज़ गति से करें।

श्वास

- मुड़ते समय श्वास छोड़ें एवं उठते समय श्वास लें।

लाभ

- मोटापे को कम करता है। बाहर निकलते हुए पेट को नियंत्रित करता है।
- शरीर को छरहरा बनाता है।
- शरीर को ऊर्जा प्रदान करता है।
- कमर पतली करता है।
- पाचन तंत्र क्रियाशील होता है।
- शरीर सुंदर, सुडौल व आकर्षक बनाता है।

अभ्यास–13

इस अभ्यास में हम तिर्यक कटि चक्रासन की क्रिया करेंगे।

- अपने आसन पर खड़े हो जाएँ।
- दोनों पैरों के बीच लगभग 1 से 1.5 फ़िट की दूरी बनाएँ।
- अब दायाँ हाथ बाएँ कंधे पर और बायाँ हाथ पीठ के पीछे ले जाएँ।
- इस अवस्था में बाईं तरफ़ घूमकर जितना पीछे देख सकते हैं उतना पीछे देखने का प्रयास करें।
- वापस अपनी मूल अवस्था में आ जाएँ।
- अब बायाँ हाथ दाएँ कंधे पर रखें और दायाँ हाथ पीठ के पीछे ले जाएँ। दाएँ घूमकर जितना पीछे देख सकते हैं देखें और वापस अपनी मूल अवस्था में आ जाएँ।
- इस अभ्यास में तेज़ी लाएँ और हाथ और कंधों की स्थिति बदलकर 10 से 15 बार क्रिया को दोहराएँ।

श्वास

- पीछे मुड़ते समय श्वास छोड़ें व मूल अवस्था में आते समय श्वास लें।

लाभ

- मोटापे को कम करता है।
- कमर पतली करता है।
- शरीर छरहरा बनाता है।
- पेट पर जमी चर्बी को कम करता है।
- पाचन तंत्र क्रियाशील कर क़ब्ज़ को ठीक करता है।
- शरीर सुडौल और सुंदर बनाता है।

अभ्यास–14

इस अभ्यास में हम शीर्ष जानुस्पर्शासन की क्रिया करेंगे।

- अपने आसन पर सीधे खड़े हो जाएँ।
- क्रिया करने के लिए बाएँ पैर को घुटने से मोड़कर पीछे करें और बाएँ हाथ से बाएँ पैर के पंजे को पकड़ें या दोनों हाथ से पकड़ें।
- अब चूँकि सामने झुककर सिर को दाएँ पैर के घुटने से स्पर्श कराना है, अतः पहले धीरे-धीरे सिर को झुकाकर घुटने से स्पर्श कराने का प्रयास करें। वापस मूल अवस्था में आ जाएँ।
- इसी क्रिया को पैर बदलकर दूसरे पैर से करें।
- 5–5 बार पैरों को बदलकर करें।

विशेष

- संतुलन का विशेष ध्यान रखें।
- अभ्यास हो जाने पर इसमें थोड़ी तेज़ी लाएँ।

श्वास

- सामने झुकते समय श्वास छोड़ें एवं पीछे झुकते समय श्वास लें।

लाभ

- शरीर और मन पर नियंत्रण होता है।
- भविष्य में होने वाली कंपन नामक बीमारी से बचाता है।
- जंघाएँ सुडौल बनाता है।
- वायु विकार का शमन करता है।
- चेहरे की झुर्रियाँ समाप्त हो जाती हैं। चेहरा सुंदर दिखने लगता है। आँखों की ज्योति बढ़ती है।

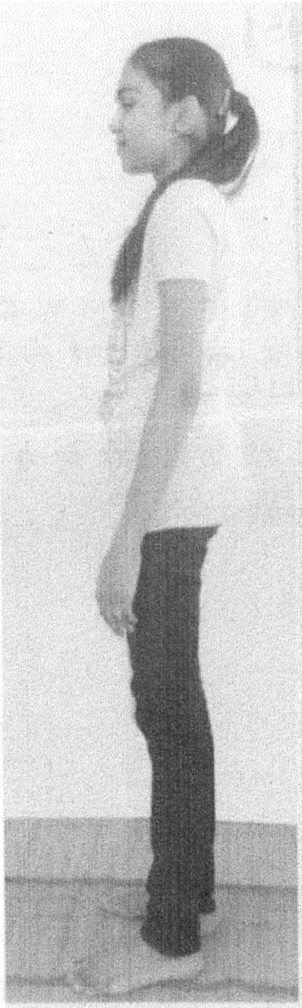

अभ्यास–15

इस अभ्यास में हम बकासन की क्रिया करेंगे।

- अपने आसन पर सीधे खड़े हो जाएँ।
- हाथों को ऊपर ले जाएँ।
- अब सामने झुकते हुए दोनों हाथों से बाएँ पैर के अंगूठे को पकड़ें। क्रिया करते समय दाएँ पैर को पीछे ले जाते हुए ऊपर की तरफ़ तान दें।
- वापस मूल अवस्था में आ जाएँ और यही क्रिया दूसरे पैर से करें।
- 5-5 बार दोनों पैरों की स्थिति बदलकर करें।

विशेष

- संतुलन पर विशेष ध्यान दें।
- शरीर के प्रति सजग रहें।

श्वास

- सामने झुकते समय श्वास छोड़ें व मूल अवस्था में आते समय श्वास लें।

लाभ

- चेहरे की लालिमा बढ़ती है एवं झुर्रियाँ नहीं पड़तीं।
- सिर के विकार ठीक होते हैं।
- शरीर और मन पर नियंत्रण बढ़ता है।
- पैर मज़बूत होते हैं।
- नितंब सुडौल होते हैं।
- बालों का झड़ना रुकता है एवं आँखों की रोशनी बढ़ती है।

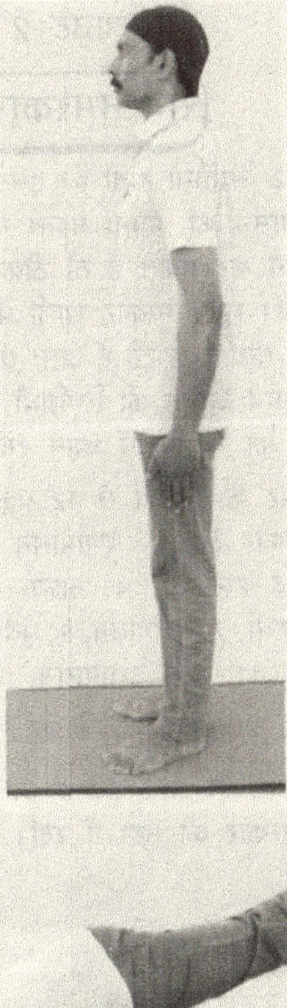

वर्कआउट–2

सूर्य नमस्कार

सूर्य नमस्कार में 12 स्थितियाँ होती हैं। इसमें 7 प्रकार के आसन करने होते हैं। प्रत्येक आसन का अपना महत्व एवं लाभ है। सूर्य नमस्कार सुबह सूर्य के सामने कर सकते हैं तो ठीक है, अन्यथा घर पर कमरे में भी कर सकते हैं। सूर्य नमस्कार ख़ाली पेट करना चाहिए, चूँकि हम इसे पावर योगा के साथ जोड़ रहे हैं अतः धीरे-धीरे न करके थोड़ा तेज़ करें। तेज़ करते समय आसन की स्थितियाँ पूर्णतः निर्मित होनी चाहिए एवं श्वास-प्रश्वास का भी विशेष ध्यान रखें। यह महत्वपूर्ण बात है।

इसमें 7 प्रकार के आसनों से 12 प्रकार की जो स्थितियाँ बनाई जाती हैं वे इस प्रकार हैं : 1. प्रणामासन या नमस्कारासन, 2. हस्त उत्तानासन, 3. पाद हस्तासन, 4. अश्व-संचालनासन, 5. पर्वतासन, 6. अष्टांग नमस्कारासन, 7. भुजंगासन, 8. पर्वतासन, 9. अश्वसंचालनासन, 10. पाद हस्तासन, 11. हस्त उत्तानासन, 12. प्रणामासन।

क्रमपूर्वक इन आसनों को करने का नाम सूर्य नमस्कार है।

1. अपने आसन पर सीधे खड़े हो जाएँ। दोनों हाथों को जोड़कर सीने के सामने नमस्कार की मुद्रा में रखें। श्वास सामान्य रखें।

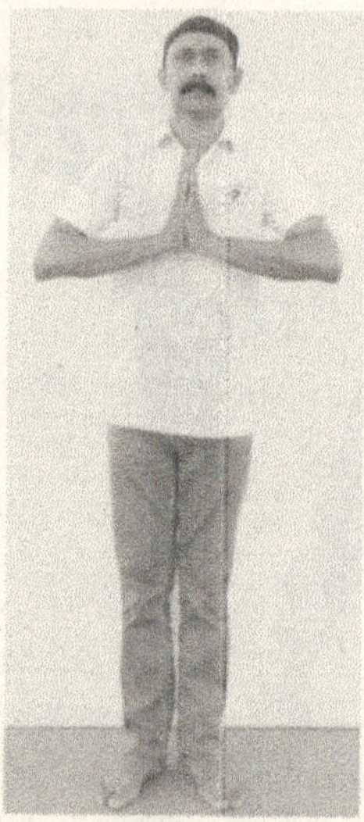

2. दोनों हाथों को ऊपर उठाएँ और सिर के ऊपर ले जाएँ। पीछे की ओर झुकें। श्वास लें।

3. श्वास छोड़ते हुए सामने की तरफ़ झुकें एवं पैरों के पंजों के बगल में हथेलियों को रखें। यथासंभव अधिक झुकने का प्रयास करें।

4. अब बाएँ पैर को जितना पीछे ले जा सकते हैं, ले जाएँ। इस स्थिति में जो पैर पीछे गया है उसका घुटना ज़मीन से स्पर्श करता रहेगा। इसी स्थिति में दायाँ घुटना अपने आप मुड़ जाएगा जो कि वहीं स्थित रहेगा। श्वास लें।

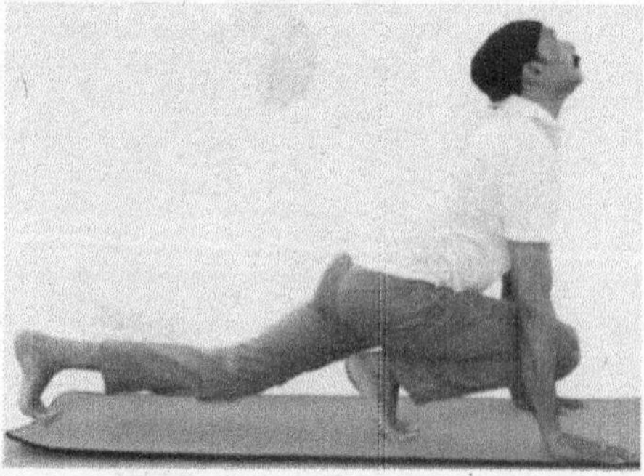

5. पाँचवीं स्थिति में दायाँ पैर भी पीछे चला जाएगा। हाथों पर पूरा वज़न देकर नितंब को जितना ऊपर उठा सकते हैं उठाएँ। श्वास छोड़ें।

6. अब घुटने मोड़ते हुए शरीर को नीचे लाकर अष्टांग नमस्कार की स्थिति निर्मित करें। इसमें घुटने, छाती और ठुड्डी ज़मीन से स्पर्श करेंगे। नितंब का भाग थोड़ा उठा रहेगा। श्वास को बाहर ही रोकें।

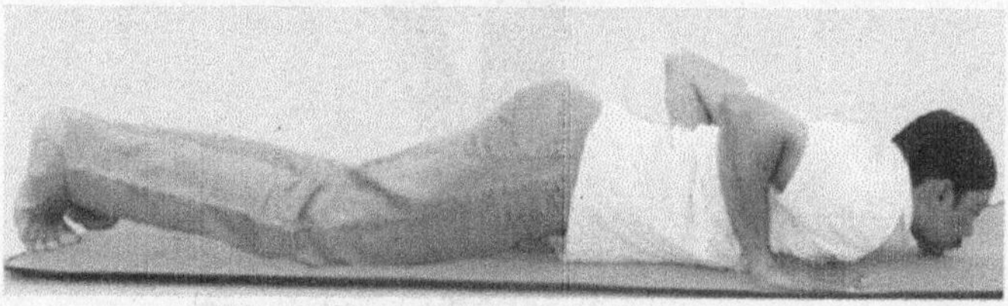

7. इस स्थिति में पैर के निचले भाग को ज़मीन से स्पर्श कराके हाथों को सीधा कर सिर और छाती को ऊपर उठाएँ। श्वास लें।

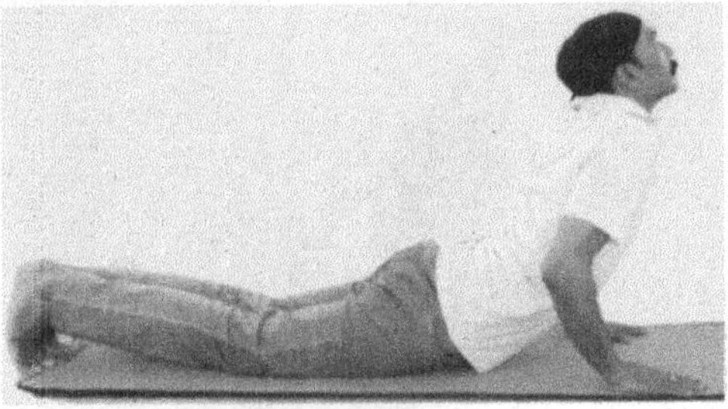

8. अब वापस पाँचवीं स्थिति निर्मित करने के लिए नितंबों को ऊपर उठाएँ और सिर को नीचे झुकाएँ। नाभि को देखने का प्रयास करें। श्वास छोड़ें।

9. यह स्थिति नंबर 4 की तरह है। इसमें दोनों हाथों के बीच बाएँ पैर को रखें और सिर उठाकर सामने देखने का प्रयास करें। दाएँ पैर को जितना पीछे ले जा सकते हैं, ले जाएँ। श्वास लें।

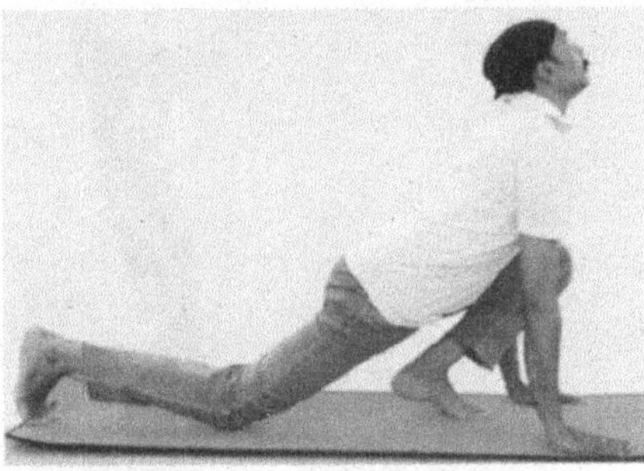

10. यह स्थिति नंबर 3 की तरह है। हाथों के बीच दोनों पैरों के पंजों को रखें तथा सिर को अधिकतम झुकाने का प्रयास करें।

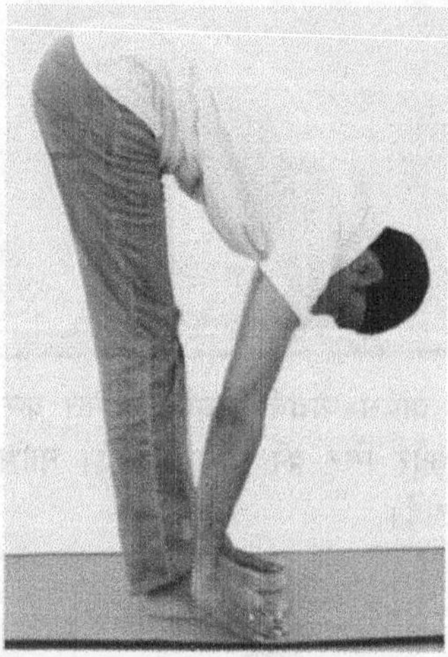

11. यह स्थिति नंबर 2 की तरह है। इसमें झुके हुए सिर को उठाएँ और हाथों को सिर के ऊपर ले जाएँ। यथासंभव पीछे झुकें। श्वास लें।

12. यह स्थिति नंबर 1 की तरह है। इसमें दोनों हाथों को जोड़कर सीने के सामने नमस्कार की मुद्रा में रखें। सामान्य श्वास लें।

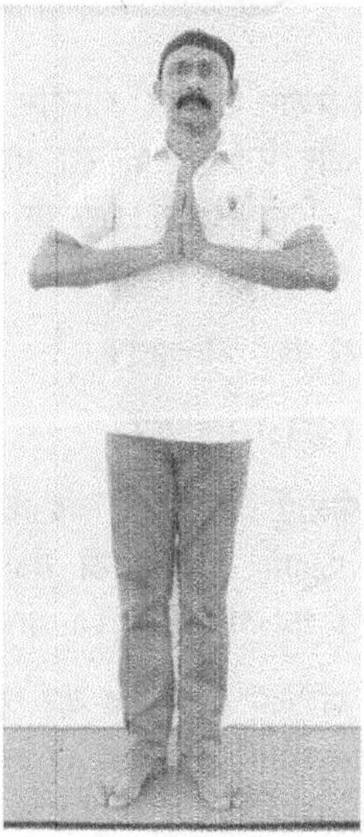

लाभ

- सूर्य नमस्कार करने से शरीर को ऊर्जा मिलती है। शरीर में स्फूर्ति आती है एवं संपूर्ण शरीर को लाभ मिलता है।
- मेरुदंड के बारी-बारी से आगे-पीछे होने के कारण पीठदर्द व मेरुदंड के विकार ठीक होते हैं।
- फेफड़े के फैलने के कारण ऑक्सीजन पर्याप्त मात्रा में मिलती है।
- इससे मानसिक शांति व ऊर्जा मिलती है। चेतना ऊर्ध्वमुखी होती है।
- मोटापा कम करता है अतः वज़न कम करने में सहायक है।
- पाचन तंत्र मज़बूत कर क़ब्ज़ को मिटाता है।
- सूर्य नमस्कार नियमित करने से रोग प्रतिरोधक क्षमता बढ़ती है।

सावधानियाँ

- ज़्यादा लाभ के लिए दी गई विधि का पूर्णतः पालन करें।
- सजगता के साथ करें एवं सकारात्मक विचारों को मन में लाएँ।

हाथों के व्यायाम

दुनिया में किसी भी प्रकार के योग, व्यायाम या फिर फ़िटनेस की किसी भी क्रिया में हाथ और पैरों की कसरत बहुत ही आवश्यक होती है। दरअसल शरीर की फ़िटनेस की शुरुआत हाथ-पैर से ही होती है, इसलिए हम पावर योगा के समय भी हाथ एवं पैरों के व्यायाम करेंगे।

- अपने आसन पर खड़े हो जाएँ।
- हाथों को सामने की तरफ़ करें।
- अब अंगुलियाँ फैलाएँ और मुट्ठी बंद कर लें। इस प्रकार 5 से 10 बार अंगुलियाँ फैलाएँ और मुट्ठी बंद करें। अब खुले पंजे को ऊपर-नीचे करें। यह भी 5 से 10 बार करें।
- द्वितीय अभ्यास के लिए मुट्ठी बंद करें एवं घड़ी की दिशा में (क्लॉक वाइज़) गोल-गोल घुमाएँ और घड़ी की विपरीत दिशा में (ऐंटी-क्लॉक वाइज़) घुमाएँ। यह क्रिया 5 से 10 बार करें।

लाभ

- हाथों की मांसपेशियों में रक्तसंचार सुचारु होता है एवं मांसपेशियाँ सुदृढ़ होती हैं।
- कंधे मज़बूत होते हैं।
- गठिया जैसे रोग से निजात मिलती है।
- भविष्य में होने वाली हाथों से संबंधित बीमारी से बचाता है।

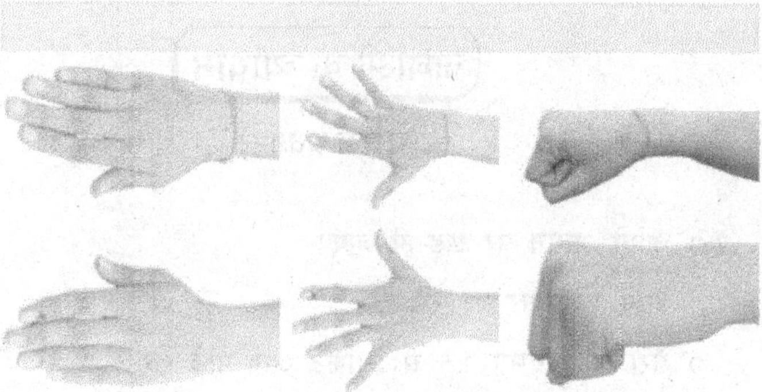

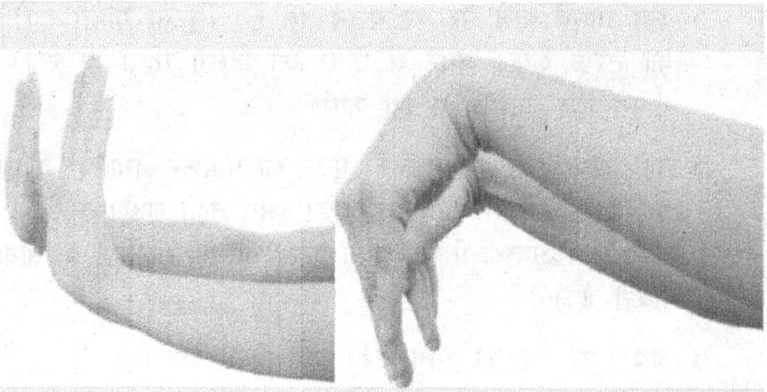

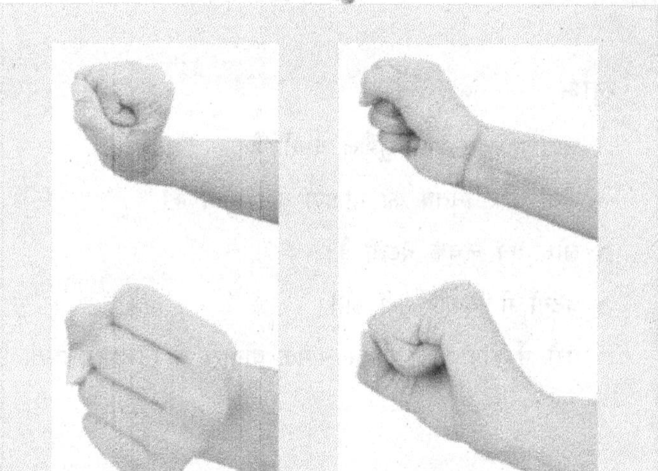

जंघाओं के व्यायाम

(प्रथम प्रकार)

- अपने आसन पर खड़े हो जाएँ।
- हाथों को कमर पर रख लें।
- पैरों को लगभग 1.5 से 2 फ़िट आगे-पीछे कर लें।
- अब सामने वाले पैर पर वज़न देते हुए (घुटना मोड़ते हुए) आगे की तरफ़ झुकें। कमर से ऊपर का हिस्सा सीधा ही रखें। फिर वापस मूल अवस्था में आ जाएँ।
- यही क्रिया दूसरे पैर से करें। घुटने को मोड़कर जंघा पर वज़न देते हुए आगे झुकें। फिर वापस जाएँ। इसमें तेज़ी लाएँ। 5 से 10 बार करें। (इस अवस्था में पीछे वाला घुटना भी मोड़ सकते हैं या सीधा रख सकते हैं।)
- अब दूसरे पैर को आगे करें। यही क्रिया दोहराएँ।

लाभ

- जंघा मज़बूत और सुडौल बनती है।
- जंघा और नितंब का मोटापा कम होता है।
- लोच एवं लचक बढ़ती है।
- घुटनों में विकार नहीं होते।
- पैरों में होने वाली कंपन नामक बीमारी से निजात मिलती है।

जंघाओं के व्यायाम

(द्वितीय प्रकार)

- दोनों पैरों को सामने फैलाकर बैठ जाएँ।
- बाएँ पैर को घुटने से मोड़कर दाएँ पैर की जंघा पर रखें।
- अब दाएँ पैर को घुटने से मोड़कर ऊँचा उठाएँ। पैर का पंजा ज़मीन पर स्थिर करें।
- श्वास लें। छाती को उठाएँ।
- घुटने को छाती के पास लाएँ।
- यही क्रिया दूसरे पैर से करें।
- इस क्रिया में एक हाथ घुटने पर और दूसरा पैर के पंजे पर रहेगा।
- इस क्रिया में अपने घुटने को जितना अधिक छाती के पास ला सकते हैं, ले आएँ।

लाभ

- जंघाएँ सुंदर बनती हैं।
- नितंब सुडौल व आकर्षक बनते हैं।
- कमर एवं संधिस्थल में लोच व लचक आती है।
- छाती में उभार आता है, जिससे सीना आकर्षक दिखता है।

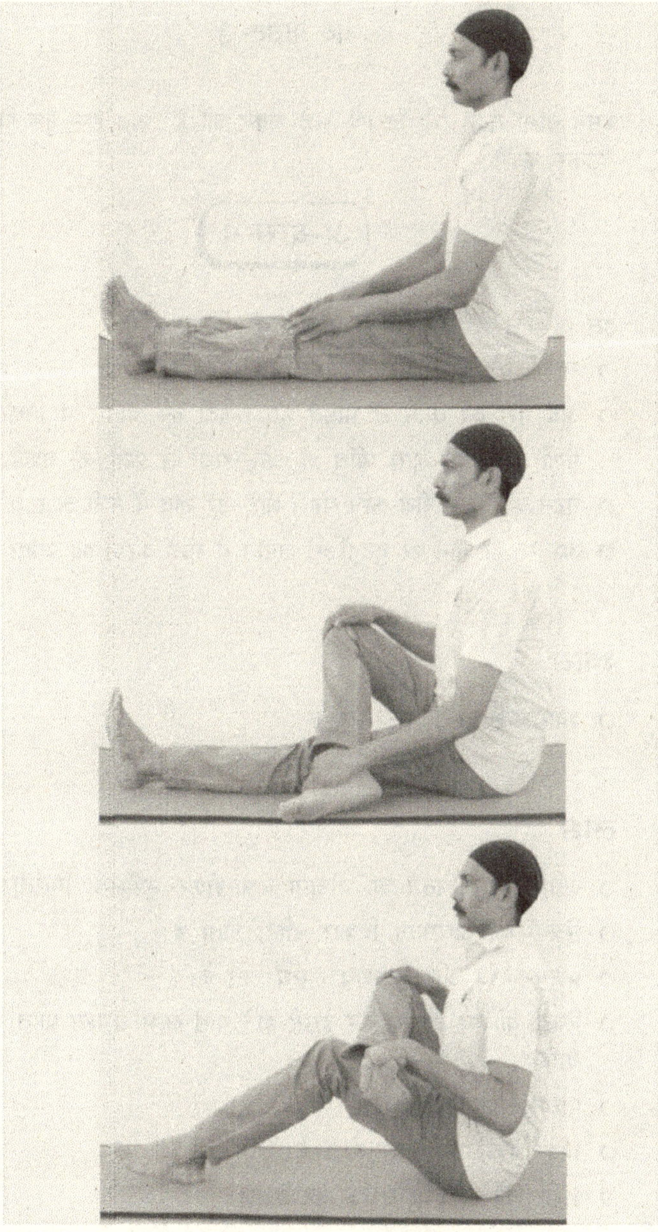

वर्कआउट–3

हमने अभी तक सभी क्रियाएँ खड़े होकर की हैं। अब हम कुछ क्रियाएँ बैठकर करेंगे।

अभ्यास–1

इस अभ्यास में हम तितली आसन की क्रिया करेंगे।

- सामने की तरफ़ पैर फैलाकर बैठ जाएँ।
- अब पैरों को घुटने से मोड़ते हुए तलवों को आपस में मिला लें।
- पंजों को अपने पास खींच लें और हाथों से पंजों को पकड़ें।
- घुटने को ऊपर-नीचे करें। पहले धीरे-धीरे बाद में तेज़ी के साथ करें।
- अभ्यस्त हो जाने पर घुटनों को ज़मीन से स्पर्श कराने का प्रयास करें।

श्वास

- श्वास-प्रश्वास सामान्य रखें।

लाभ

- जंघाओं एवं नितंब का मोटापा कम होकर सुडौलता मिलती है।
- स्त्रियों का अधोभाग विकार रहित होता है।
- प्रजनन तंत्र और मूत्राशय स्वस्थ होते हैं।
- स्त्रियों को यह आसन कर इससे होने वाले लाभ अवश्य प्राप्त करने चाहिए।
- पाचन तंत्र ठीक होता है।
- वायु विकार का नाश होता है।
- शरीर की लोच व लचक बढ़ती है।

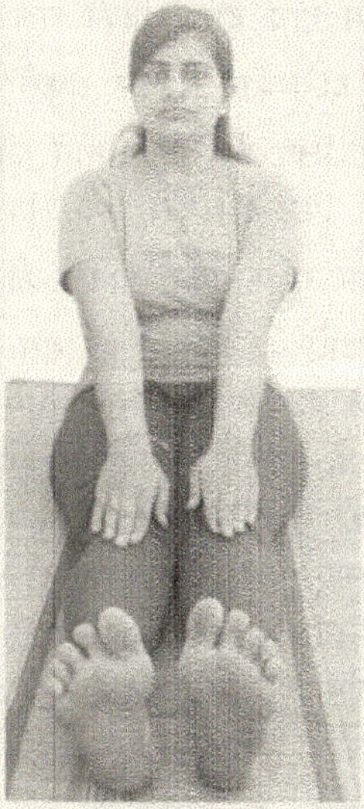

अभ्यास–2

इस अभ्यास में हम हाथ द्वारा चक्की चलाने की क्रिया करेंगे।

- यह क्रिया हम दो प्रकार से कर सकते हैं।
- पहली क्रिया के लिए पैरों को सामने की तरफ़ करें। दोनों पैरों के बीच 1 से 1.5 फ़िट की दूरी बना लें।
- हाथों को आपस में फँसाकर सामने की तरफ़ करें।
- अब हाथों को बाएँ पैर के पंजे के पास ले जाएँ और सामने झुकते हुए दाएँ पैर के पंजे के पास लाएँ। घूमते हुए पीछे की तरफ़ झुकें और बाएँ पैर के पंजे के पास जाते हुए (यह पहले के ज़माने की तरह हाथ-चक्की में गेंहूँ पीसने की क्रिया के समान है) दाएँ पंजे के पास हाथों को लाएँ। इस प्रकार पहले दो-तीन बार धीरे-धीरे करें और फिर बाद में इसमें तेज़ी लाएँ। 25 से 30 बार क्लॉक वाइज़ (घड़ी की दिशा में) घुमाएँ, उसके बाद 25 से 30 बार ऐंटी क्लॉक वाइज़ (घड़ी की विपरीत दिशा में) घुमाएँ।
- यही क्रिया सुखासन में बैठकर भी कर सकते हैं।

श्वास

- सामने झुकते समय श्वास छोड़ें और पीछे झुकते समय श्वास लें।

लाभ

- पेट की चर्बी एवं थुलथुलेपन को तेज़ी से कम करता है।
- कमर पतली करता है। शरीर को छरहरा कर सुंदरता प्रदान करता है।
- नितंबों और जंघाओं को सुडौल आकार प्रदान करता है।
- पाचन तंत्र मज़बूत करता है। क़ब्ज़नाशक है।
- शरीर में लोच व लचक पैदा करता है।
- शरीर का वज़न तेज़ी से कम करता है।
- शरीर आकर्षक बनाता है।

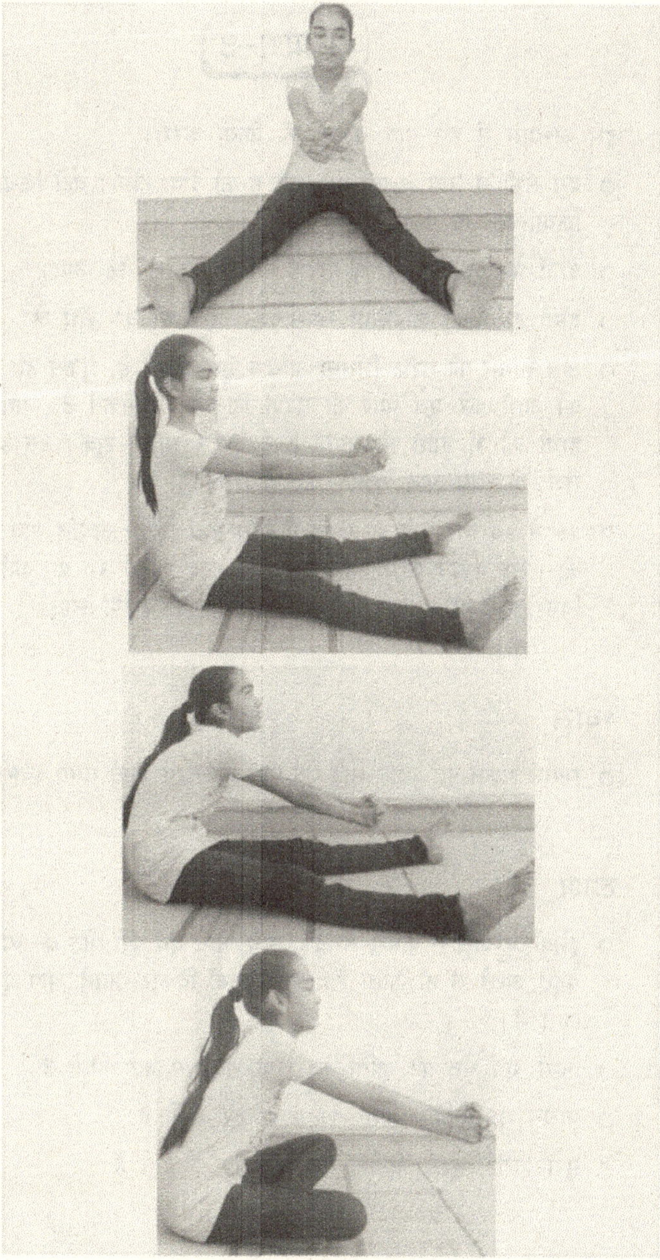

अभ्यास–3

इस अभ्यास में हम नाव चलाने की क्रिया करेंगे।

- हम सभी ने नाव चलाते हुए नाविक को देखा होगा। वही क्रिया हम क्रियान्वित करेंगे।
- दोनों पैरों को सामने की तरफ़ लंबवत् करके बैठ जाएँ।
- दोनों हाथों को कोहनियों से मोड़कर मुट्ठियों को बाँध लें।
- अब सामने की तरफ़ जितना अधिक झुक सकते हैं, झुकते हुए हाथों को आगे करें एवं पीछे की तरफ़ जितना जा सकते हैं, जाते हुए हाथों को भी पीछे ले जाएँ। फिर वापस सामने झुकें। इस प्रकार तेज़ी के साथ नाव चलाने की क्रिया करनी है।
- 25 से 30 बार घड़ी की दिशा में सीधे नाव चलाएँ अर्थात् नाव आगे की तरफ़ बढ़ाने की क्रिया करें। इसके बाद 25 से 30 बार घड़ी की विपरीत दिशा में करें अर्थात् नाव पीछे की तरफ़ लाएँ।

श्वास

- सामने झुकते हुए श्वास छोड़ें एवं पीछे की तरफ़ जाते समय श्वास लें।

लाभ

- इसके अभ्यास से कमर, मेरुदंड, हाथ, कंधे एवं पूरी पीठ का व्यायाम बहुत अच्छे से हो जाता है। अतः इनके विकार अपने आप दूर हो जाते हैं।
- कमर एवं पेट की अतिरिक्त चर्बी तेज़ी से कम होती है।
- पाचन तंत्र सक्रिय होता है। क़ब्ज़ दूर होती है।
- पूरा शरीर सुंदर, सुडौल एवं आकर्षक दिखता है।

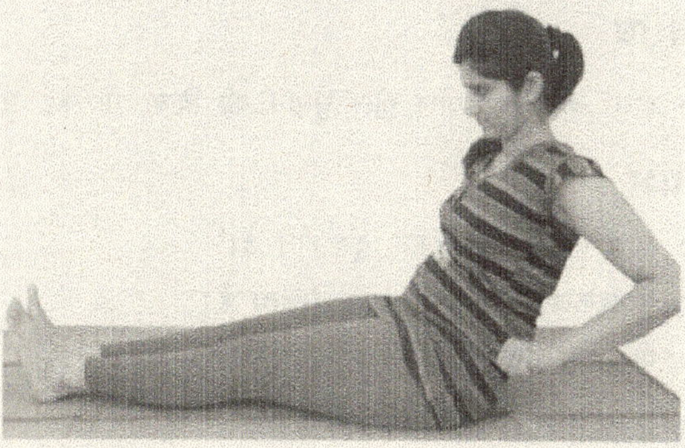

अभ्यास–4

इसे तीन प्रकार से किया जा सकता है।

पहला प्रकार

- पहले सुखासन में बैठ जाएँ। दोनों हाथों के पंजों को कंधों पर रखें।
- कोहनियों को सामने की ओर लाते हुए आपस में मिलाएँ और ऊपर की तरफ़ कानों से स्पर्श कराते हुए घुमाएँ। पीछे ले जाकर नीचे की तरफ़ से घुमाते हुए सामने की तरफ़ लाएँ। इस प्रकार घुमाते हुए एक चक्र लगाएँ। इसे तेज़ी से घड़ी की दिशा में करें और फिर घड़ी की विपरीत दिशा में करें।

दूसरा प्रकार

- दोनों हाथों को कंधों पर रखें। अब दोनों कोहनियों को सामने लाएँ और वापस अलग-अलग कर फैला लें। फिर कोहनियों को आपस में मिलाएँ एवं वापस अलग-अलग कर लें। यह एक आवृत्ति हुई। इस क्रिया को तेज़ गति से करते हुए 25 से 30 बार दोहराएँ।

तीसरा प्रकार

- इस अभ्यास में कंधों को सिर्फ़ ऊपर-नीचे करना है, यदि दायाँ कंधा ऊपर है तो बायाँ कंधा नीचे होगा और बायाँ कंधा ऊपर है तो दायाँ कंधा नीचे होगा। यह क्रिया 25 से 30 बार करें।

विशेष

- इसमें कंधों को गोल-गोल घुमाने की क्रिया भी कर सकते हैं।

लाभ

- कंधों के समस्त विकार दूर होते हैं।
- सर्वाइकल प्रॉब्लम में लाभ मिलता है।
- पीठ एवं मेरुदंड के दर्द में लाभ मिलता है।

सावधानी

- कंधों के अधिक दर्द से पीड़ित व्यक्ति धीरे-धीरे अभ्यास में लाएँ।

अभ्यास–5

इसे भी तीन प्रकार से किया जा सकता है।

पहला प्रकार

- सुखासन के किसी भी आसन में बैठ जाएँ। अब सिर को बाईं तरफ़ झुकाएँ और कान को कंधे से स्पर्श कराने का प्रयास करें।
- सिर को पीछे की तरफ़ ले जाते हुए दाईं तरफ़ झुकाएँ एवं कान को कंधे से स्पर्श कराने का प्रयास करें। सिर को सामने की तरफ़ झुकाते हुए छाती के सामने ले जाएँ और फिर बाईं तरफ़ घुमाएँ। इस प्रकार गोल-गोल घुमाते हुए 25 से 30 बार घड़ी की दिशा में करें। यही क्रिया 25 से 30 बार घड़ी की विपरीत दिशा में करें।

दूसरा प्रकार

सिर को सामने झुकाते हुए ठुड्डी को छाती से लगाएँ और फिर सिर को जितना पीछे ले जा सकते हैं, ले जाएँ। इस प्रकार आगे-पीछे 15 से 20 बार करें।

तीसरा प्रकार

सीधे बैठ जाएँ। सिर को बाईं तरफ़ झुकाकर कंधे से कान का स्पर्श कराएँ। अब सिर सीधा करें एवं सिर को दाईं तरफ़ झुकाकर कान को दाएँ कंधे से स्पर्श कराएँ व सिर सीधा करें। यह क्रिया 15 से 20 बार करें।

लाभ

- गर्दन के रोग एवं सर्वाइकल प्रॉब्लम आदि में लाभदायक है।
- थायरॉइड ग्रंथि को लाभ मिलता है।
- गर्दन के आकार को धीरे-धीरे सुडौलता प्राप्त होती है।
- नेत्ररोग एवं कर्णरोग में भी लाभ मिलता है।
- ये सभी क्रियाएँ अवश्य करें। गर्दन और कंधों की क्रियाएँ हमें कई रोगों से बचाती हैं।

वर्कआउट–4

अभ्यास–1

इस अभ्यास में हम उत्तानपादासन को गति देते हुए करेंगे।

- पीठ के बल ज़मीन पर लेट जाएँ।
- दोनों हाथों को अगल-बगल में रख लें।
- पहले दाएँ पैर को इतना ऊपर उठाएँ कि समकोण बन जाए। अब उसे नीचे लाएँ और बायाँ पैर ऊपर की तरफ़ ले जाकर समकोण बनाएँ।
- इस प्रकार दोनों पैरों को क्रम से ऊपर-नीचे तेज़ गति से करें।
- 10 से 20 बार इस क्रिया को दोहराएँ।

विशेष

- अभ्यास करते समय सजगता रखें।

लाभ

- पेट की चर्बी एवं बाहर निकली हुई तोंद को कम करता है।
- जंघाओं और नितंब को सुडौलता प्रदान करता है।
- वज़न कम करता है।
- पाचन तंत्र, मेरुदंड एवं पीठ के दर्द को शांत करता है।
- प्रजनन तंत्र को लाभ मिलता है।

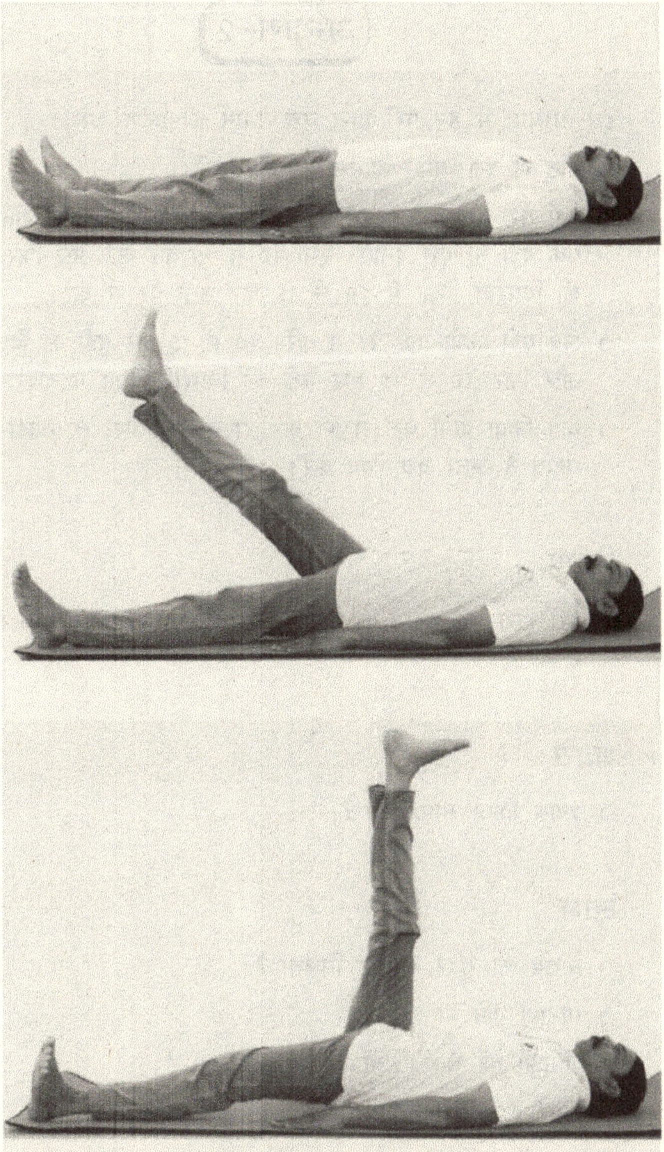

अभ्यास–2

इस अभ्यास में हम पैरों द्वारा वृत्त बनाने की क्रिया करेंगे।

- पीठ के बल अपने आसन पर लेट जाएँ।
- दाएँ पैर को सीधा उठाएँ और दाईं तरफ़ से बाईं तरफ़ लाते हुए एक बड़ा सा वृत्त बनाएँ। ऐसा 10 से 15 बार करें और फिर घड़ी की विपरीत दिशा में 10 से 15 बार उसी पैर से करें।
- अब यही क्रिया बाएँ पैर से करें। 10 से 15 बार घड़ी की दिशा में और फिर 10 से 15 बार घड़ी की विपरीत दिशा में दोहराएँ।
- यही क्रिया दोनों पैरों से भी करें, परंतु दोनों पैरों से ज़्यादा ज़ोर पड़ता है अतः यथासंभव करें।

विशेष

- पैरों द्वारा वृत्त बनाने की क्रिया में हम जितना बड़ा वृत्त बना सकते हैं बनाएँ।

श्वास

- श्वास क्रिया सामान्य रखें।

लाभ

- नितंब को सुंदर आकार मिलता है।
- मोटापा कम होता है।
- जंघाओं की मांसपेशियों को लाभ मिलता है।
- कमर दर्द में राहत मिलती है।
- पेट की चर्बी को कम करता है।
- शरीर को सुंदर, सुडौल व आकर्षक बनाता है।

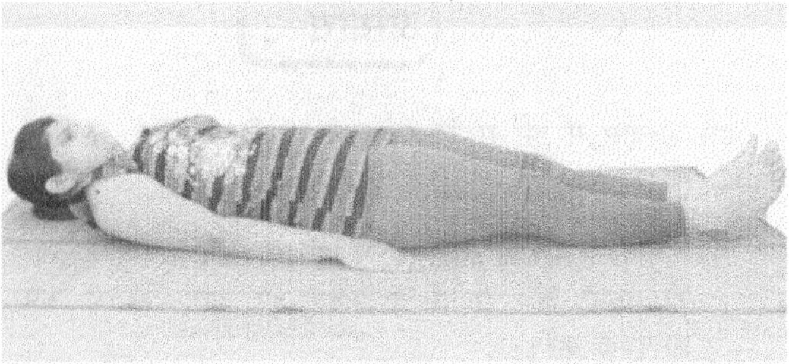

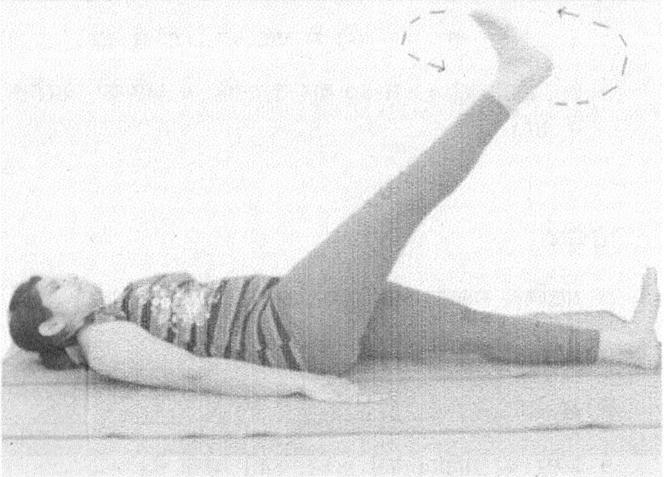

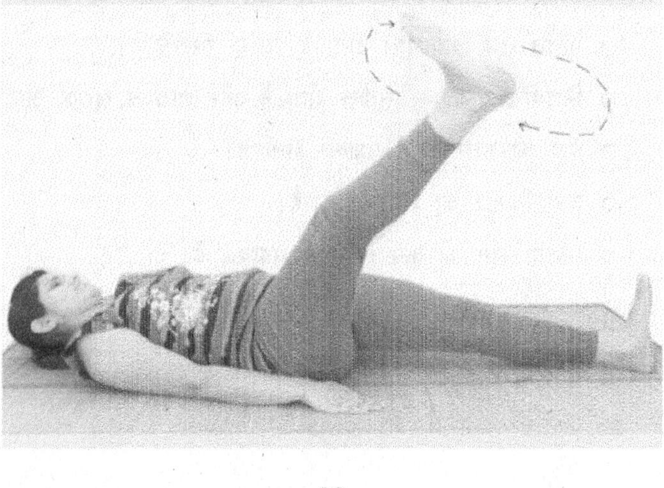

अभ्यास–3

इस अभ्यास में हम साइकिल चलाने की क्रिया करेंगे।

- पीठ के बल अपने आसन पर लेट जाएँ।
- अब दोनों पैरों से साइकिल चलाने की क्रिया करनी है, अतः पैरों को उठाएँ और घुटनों से मोड़ते हुए आगे-पीछे व ऊपर-नीचे क्रमपूर्वक करें।
- 40 से 50 बार तेज़ गति से घड़ी की दिशा में करें।
- इसी क्रिया को 40 से 50 बार तेज़ गति से घड़ी की विपरीत दिशा में करें।

विशेष

- साइकिल चलाते समय हाथों को भी आगे-पीछे करें।

लाभ

- शरीर का मोटापा कम होकर वज़न घटता है।
- पाचन तंत्र क्रियाशील होता है। क़ब्ज़ मिटती है।
- नितंबों को आकार सुडौल होता है और लोच व लचक आती है।
- पैरों की मांसपेशियाँ सशक्त होती हैं।
- वायु विकार का शमन होता है।
- गठिया रोग को कम करने में सहायक है।

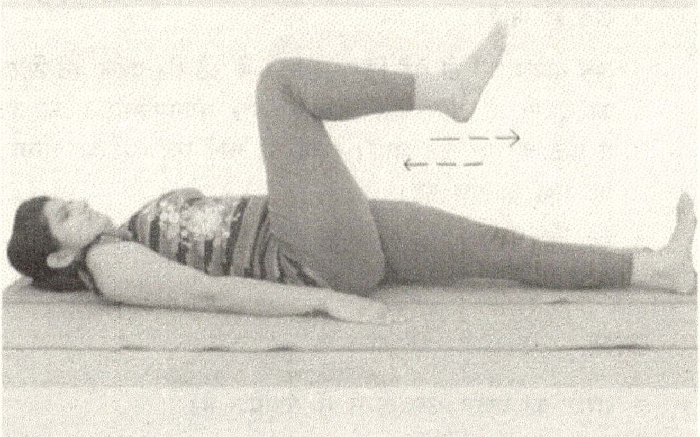

अभ्यास–4

इस अभ्यास में हम पवनमुक्तासन की क्रिया को गतिमय करेंगे।

- पीठ के बल लेट जाएँ।
- दोनों पैरों को घुटनों से मोड़कर जाँघों को सीने (छाती) से लगा लें।
- हाथों को पैरों के ऊपर आलिंगनबद्ध कर लें तथा सिर को उठाकर घुटने से स्पर्श कराने का प्रयास करें।
- इस अवस्था में आगे-पीछे झूलते हुए बैठ जाएँ और तेज़ी के साथ खड़े हो जाएँ।
- अब वापस वैसे ही बैठें जिस अवस्था में उठे थे। पहले बैठें फिर हाथों को घुटनों के आस-पास बाँध लें और पवनमुक्तासन की अवस्था में पीठ के बल लेट जाएँ। हाथों को छोड़ें एवं पैरों को सीधा करें। यह एक आवृत्ति हुई।
- इस क्रिया को 8 से 10 बार तेज़ गति से करें।

लाभ

- शरीर का वज़न कम करने में सहायक है।
- पाचन तंत्र मज़बूत होता है। क़ब्ज़ दूर होती है।
- चेहरे का तेज व निखार बढ़ता है।
- अपान वायु का निष्कासन करता है।
- मेरुदंड, कमर, घुटनों के संधिस्थल अच्छे होते हैं।
- शरीर ऊर्जावान बनता है।

सावधानियाँ

- पूर्णतः सजगता के साथ करें।
- क्रिया करते समय मोटे कंबल का प्रयोग करें।

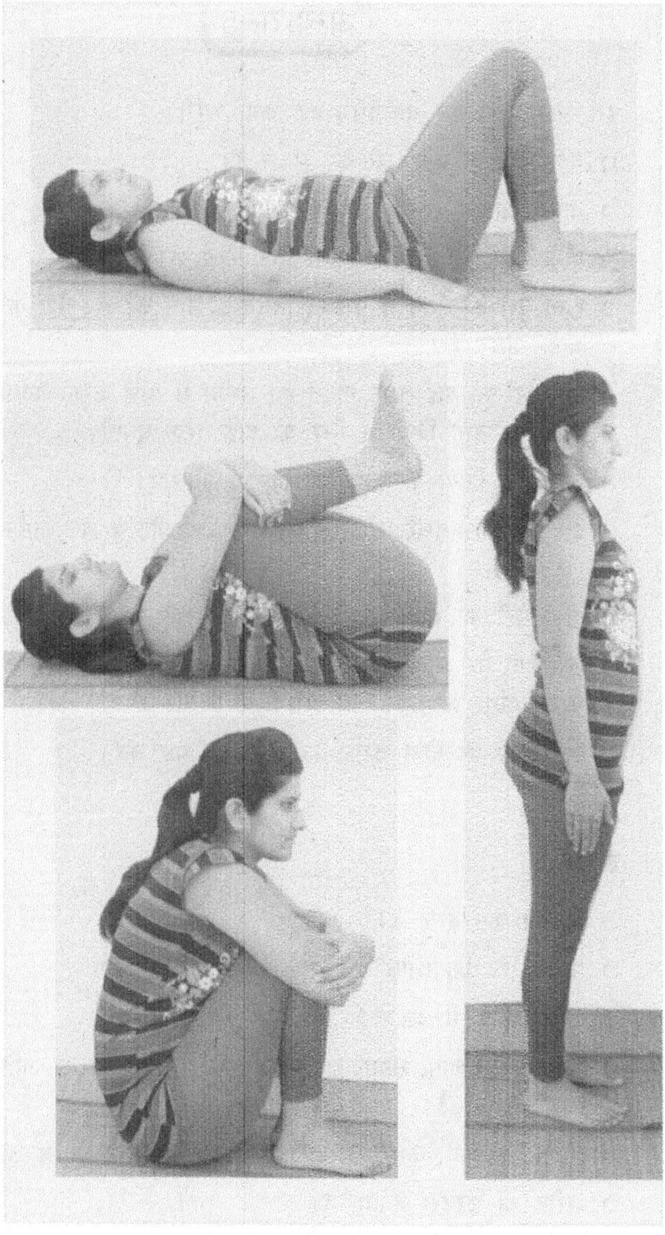

अभ्यास–5

इस अभ्यास में हम मर्कटासन की क्रिया करेंगे।

- यह क्रिया दो प्रकार से कर सकते हैं।
- अपने आसन पर पीठ के बल लेट जाएँ।
- दोनों हाथों को कंधों के समानांतर फैला लें।
- दोनों पैरों को घुटने से मोड़कर नितंब के पास कर लें। पैरों के बीच थोड़ा अंतर रखें।
- अब पैरों को बाईं तरफ़ मोड़ते हुए ज़मीन से स्पर्श कराने का प्रयास करें और इसी क्रिया में सिर को दाईं तरफ़ घुमाएँ।
- अब इसी क्रिया को विपरीत दिशा में दोहराएँ।
- इसी क्रिया को दूसरे तरीक़े से करने के लिए पीठ के बल ज़मीन पर लेट जाएँ।
- दोनों पैरों को थोड़ा सा फैला लें।
- अब दाएँ पैर को उठाकर बाईं तरफ़ ले जाते हुए बाएँ हाथ से दाएँ पैर के अंगूठे को पकड़ें और इसी क्रिया में सिर को दाईं दिशा में करें।
- इस क्रिया को दोनों तरफ़ से 10 से 15 बार करें।

लाभ

- मोटापा कम होता है।
- पाचन तंत्र क्रियाशील बनाता है।
- कमर, पीठ, मेरुदंड आदि को लाभ मिलता है।
- सर्वाइकल प्रॉब्लम, सायटिका, स्लिपडिस्क वाले रोगियों को अतिशीघ्र लाभ मिलता है।
- नितंब, जंघाओं, कमर और पेट पर जमी चर्बी को दूर करता है।
- शरीर को छरहरा बनाता है।

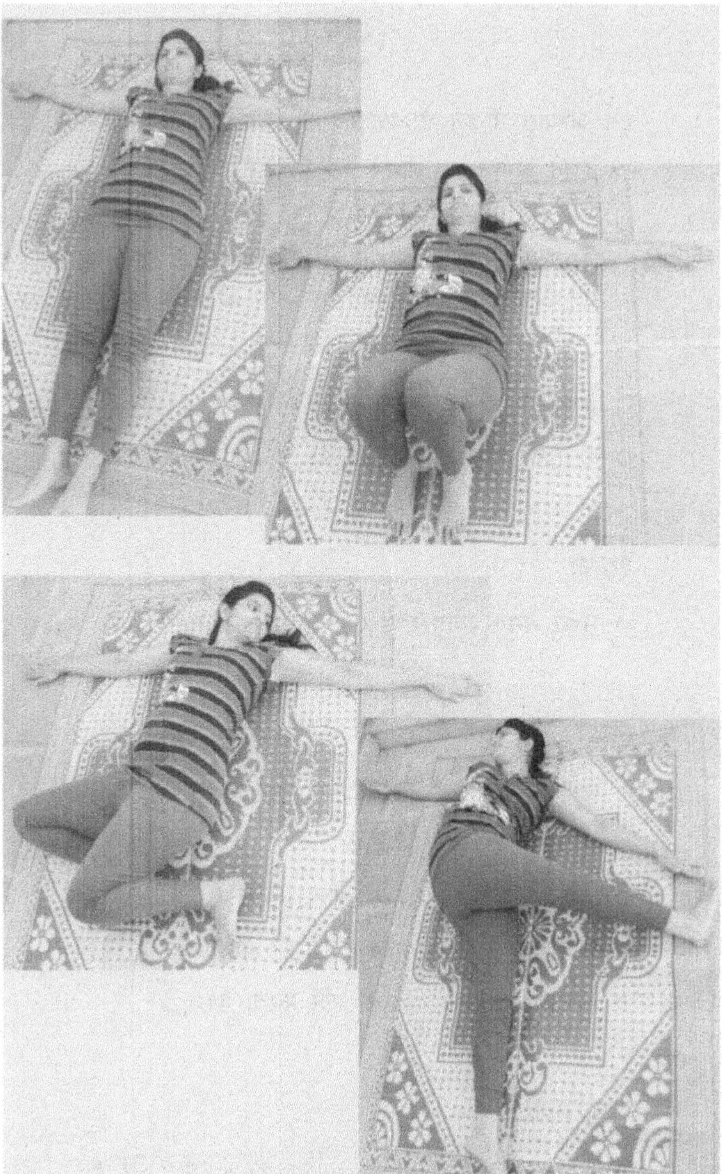

अभ्यास–6

इस अभ्यास में हम मेरुवक्रासन की क्रिया को गतिमय करेंगे।

- अपने आसन पर सामने पैर फैलाकर बैठ जाएँ।
- अब दाएँ हाथ से बाएँ पैर के अंगूठे को पकड़ें तथा कमर को बाईं तरफ़ मोड़ते हुए बाएँ हाथ को पीछे की तरफ़ सीधा ले जाएँ। सिर एवं ऊपरी धड़ को मोड़कर बाएँ हाथ को देखने का प्रयास करें।
- यही क्रिया दूसरी तरफ़ से करें।
- अब इस अभ्यास को करने में तेज़ी लाएँ।
- दोनों तरफ़ से यह अभ्यास 15 से 20 बार करें।

श्वास

- मुड़ते समय श्वास छोड़ें एवं वापस आते समय श्वास लें।

लाभ

- वज़न कम करता है। मोटापा घटाता है।
- कमर पतली करता है।
- पाचन तंत्र मज़बूत करता है।
- पीठ व पेट के आंतरिक अंगों की मालिश करता है।
- पेट की चर्बी को तेज़ी से कम करता है।

सावधानी

- अधिक पीठदर्द से पीड़ित व्यक्ति क्रमशः धीरे-धीरे करें।

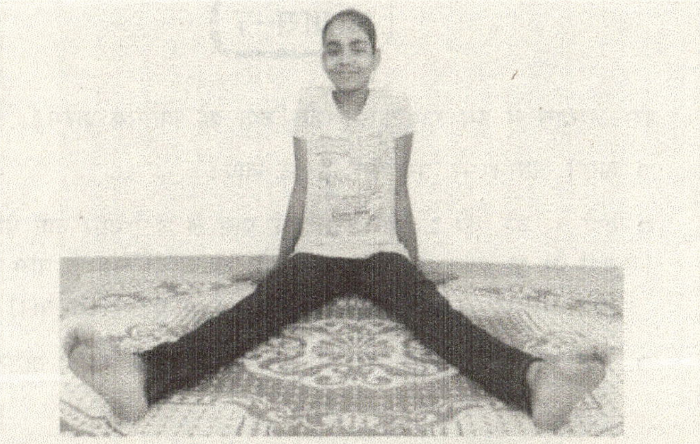

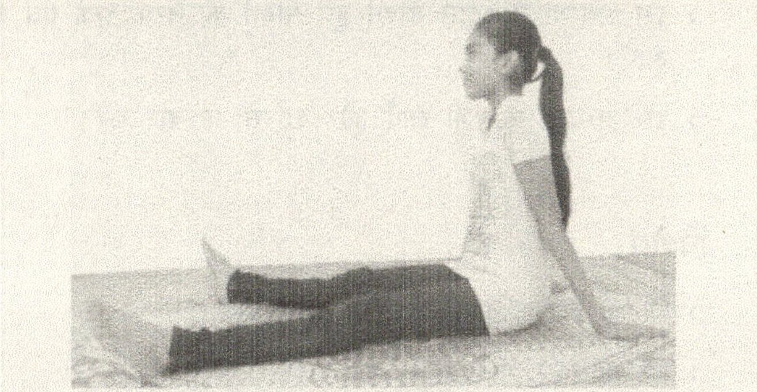

अभ्यास–7

इस अभ्यास में हम गोमुखासन की क्रिया को गतिमय करेंगे।

- अपने आसन पर सुखासन में बैठ जाएँ।
- बाएँ पैर की एड़ी को दाएँ नितंब के पास ले जाएँ और दाएँ पैर को बाएँ पैर के ऊपर ले जाकर दाईं एड़ी को बाएँ नितंब के पास रखें। (इस अवस्था में बाएँ घुटने के ऊपर दायाँ घुटना आएगा।)
- अब बाएँ पैर के अंगूठे को दाएँ हाथ से और दाएँ पैर के अंगूठे को बाएँ हाथ से पकड़ें।
- इस अवस्था में श्वास छोड़ते हुए सामने की तरफ़ झुकें एवं वापस आएँ।
- इस अभ्यास में तेज़ी लाएँ और 10 से 15 बार करें।

विशेष

- जितना अधिक झुक सकते हैं उतना झुकें।
- पैर बदलकर भी करें।

लाभ

- पाचन तंत्र क्रियाशील होता है।
- ध्यान करने के लिए भी यह आसन ठीक है।
- मन नियंत्रित होता है।
- पीठ में तनाव पैदा होता है। अतः रक्तसंचार पर्याप्त मात्रा में होता है।
- वायु विकार दूर होते हैं।
- चेहरे पर निखार आता है।

अभ्यास–8

इस अभ्यास में हम मकरासन की क्रिया को गतिमय करेंगे।

- पेट के बल ज़मीन पर लेट जाएँ।
- दोनों कोहनियों को मोड़कर हथेलियों को ठुड्डी के नीचे आरामदायक स्थिति में रखें।
- अब कोहनियों को आगे-पीछे करते हुए सिर को आगे-पीछे करें।
- पैरों को घुटने से मोड़ते हुए एड़ी को नितंबों पर स्पर्श करें।
- पहले बाएँ पैर की एड़ी नितंब से स्पर्श कराते हैं तो दायाँ पैर सीधा रहेगा और यदि दायाँ पैर नितंब से स्पर्श कराते हैं तो बायाँ पैर सीधा रहेगा।
- अब स्पर्श करने या नितंब को एड़ी से मारने वाले क्रम में तेज़ी लाएँ। जल्दी-जल्दी पैरों को मोड़कर यह क्रिया करें।
- अंत में दोनों पैरों को मोड़कर एक साथ करें।
- एक पैर से क्रमपूर्वक 25 से 30 बार करें एवं दोनों पैरों से 8 से 10 बार करें।

लाभ

- कमर दर्द व मेरुदंड वाले रोगियों को लाभ मिलता है।
- सर्वाइकल प्रॉब्लम, स्लिपडिस्क, स्पॉण्डिलाइटिस में अत्यधिक लाभ।
- स्फूर्ति एवं ताज़गी प्राप्त होती है।
- पैरों की मांसपेशियों में रक्तसंचार पर्याप्त मात्रा में होता है।
- पाचन तंत्र सुचारु होता है।
- पेट की चर्बी कम होती है।
- जंघा एवं नितंब की अतिरिक्त चर्बी दूर होती है।

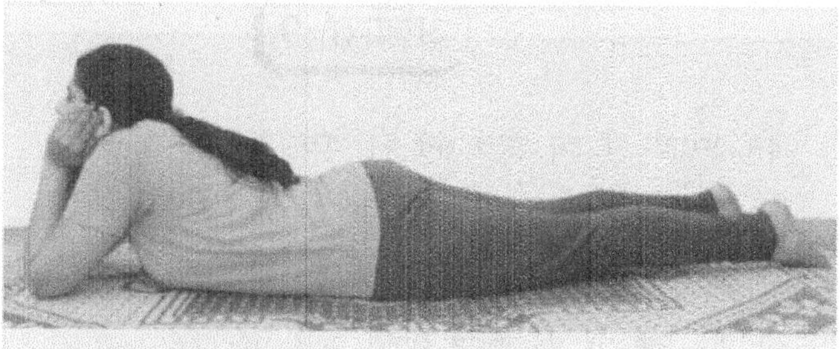

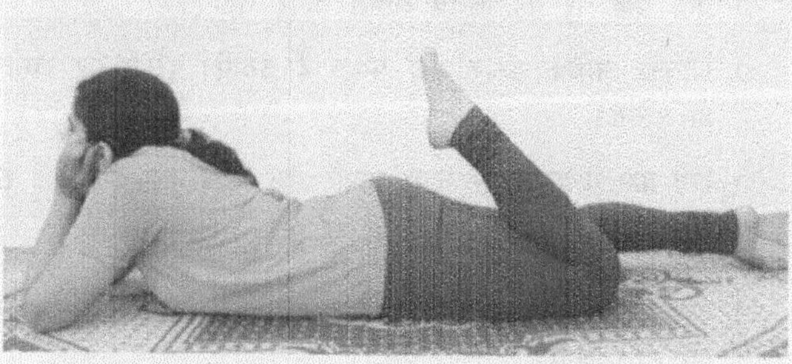

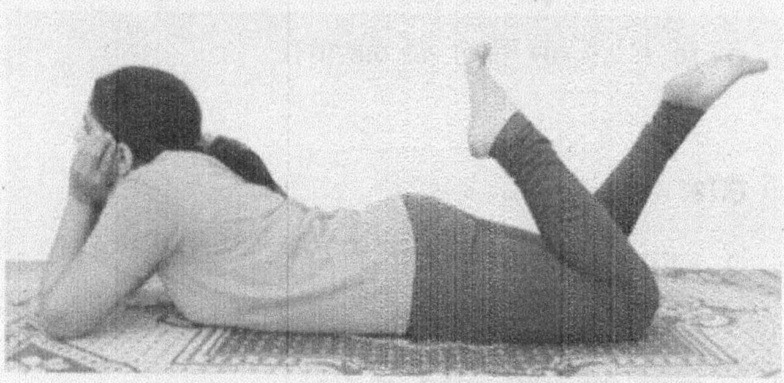

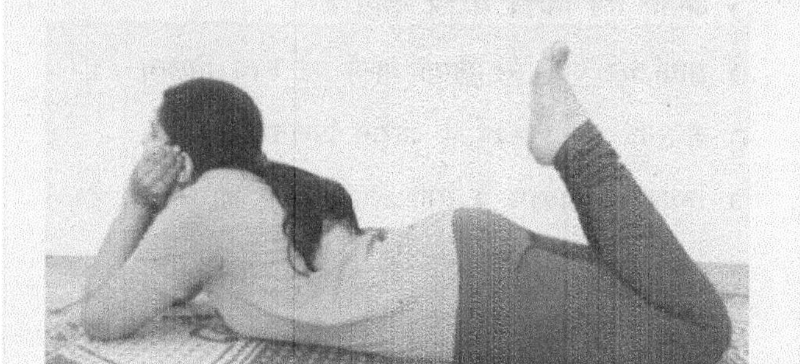

अभ्यास–9

इस अभ्यास में हम शलभासन की क्रिया को गतिमय करेंगे।

- पेट के बल आसन पर लेट जाएँ।
- दोनों हाथों के पंजों को जंघाओं के नीचे रख लें।
- अब एक पैर को नितंब सहित ऊपर उठाएँ।
- जितना अधिक ऊपर उठा सकते हैं उठाएँ। दूसरा पैर ज़मीन पर ही रहेगा।
- इसी क्रम में दूसरा पैर ऊपर उठाएँ और पहले वाला पैर नीचे रख दें।
- पैर ऊपर एवं नीचे करने की क्रिया में तेज़ी लाएँ।
- अब यही क्रिया दोनों पैरों को एक साथ ऊपर उठाकर करें और पैरों को नीचे लाएँ।
- 10 से 15 बार क्रिया को दोहराएँ।

लाभ

- पाचन तंत्र क्रियाशील होता है।
- क़ब्ज़ और वायु विकार ठीक होते हैं।
- जंघाएँ एवं नितंब सुडौल बनते हैं।
- सायटिका एवं स्लिपडिस्क वालों को लाभ मिलता है।
- कमरदर्द एवं पीठदर्द में आराम मिलता है।
- सर्वाइकल प्रॉब्लम व स्पॉण्डिलाइटिस में लाभ होता है।

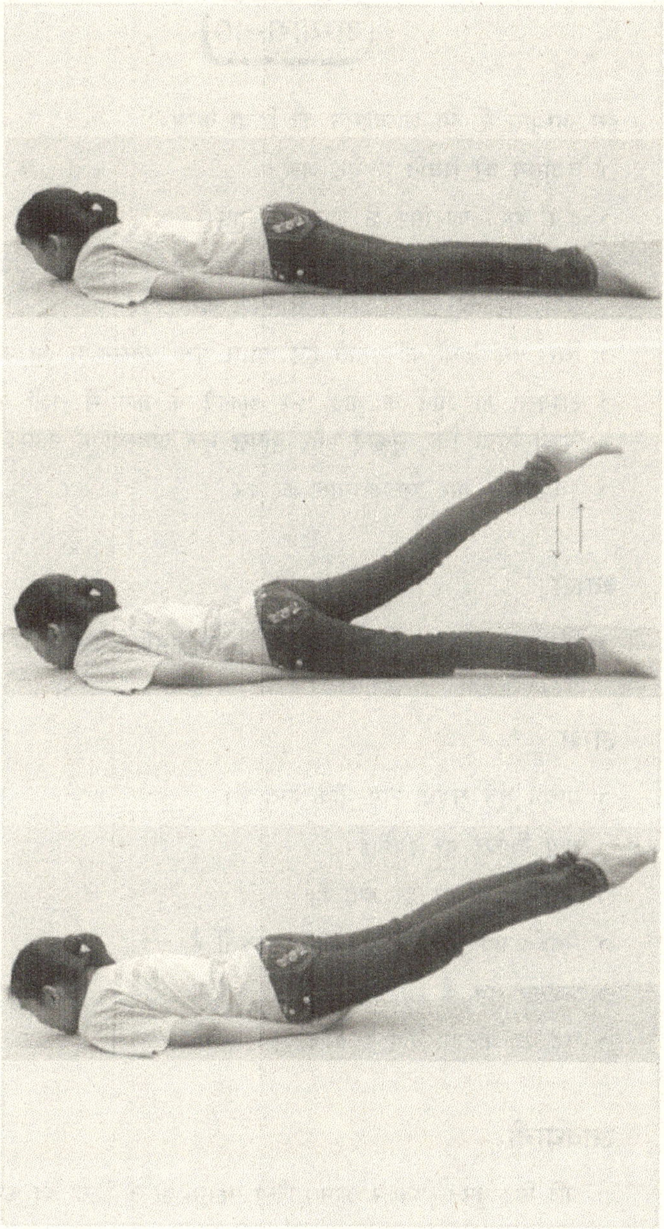

अभ्यास–10

इस अभ्यास में हम शशकासन की क्रिया करेंगे।

- वज्रासन की स्थिति में बैठ जाएँ।
- दोनों हाथों को सिर के ऊपर ले जाएँ।
- अब सामने सिर झुकाने की क्रिया करते हैं। अतः दोनों हाथों के साथ सिर को सामने ज़मीन से स्पर्श कराएँ।
- सिर और हाथों को उठाते हुए वापस मूल अवस्था में आ जाएँ।
- अभ्यस्त हो जाने के बाद सिर झुकाने के क्रम में तेज़ी लाएँ। जल्दी-जल्दी सिर झुकाएँ और वापस मूल अवस्था में आएँ।
- 10 से 15 बार इस अभ्यास को करें।

श्वास

- सिर झुकाते समय श्वास छोड़ें एवं उठते समय श्वास लें।

लाभ

- पाचन तंत्र संबंधी रोग ठीक होते हैं।
- वायु विकार दूर होते हैं।
- मानसिक विकार दूर होते हैं।
- मेरुदंड एवं पीठ में लोच-लचक बढ़ती है।
- प्रजनन तंत्र के रोग मिटते हैं।
- पेट का मोटापा कम होता है।

सावधानी

- यदि सिर घूमने (चक्कर आना) जैसा महसूस हो तो क्रिया बंद कर दें।

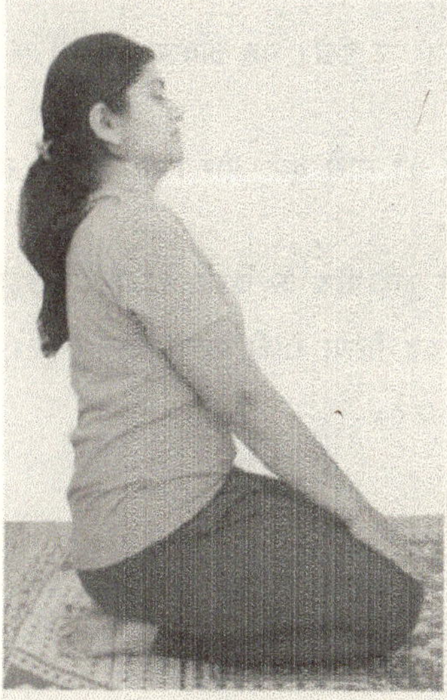

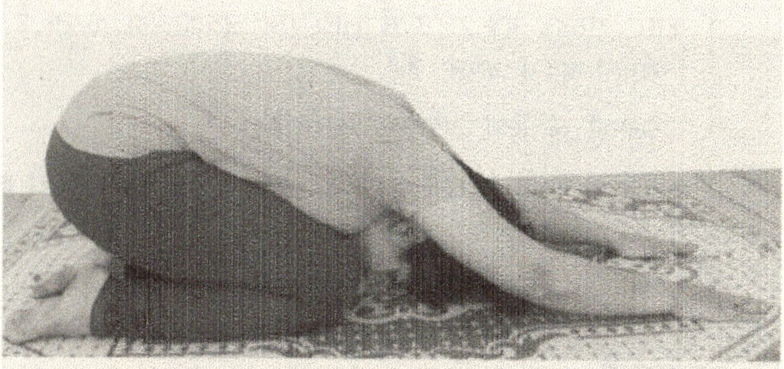

अभ्यास–11

इस अभ्यास में हम मार्जारी आसन की क्रिया करेंगे।

- वज्रासन की स्थिति में बैठ जाएँ।
- घुटनों के बल खड़े हो जाएँ।
- दोनों हाथों को सामने ज़मीन पर रखें। यह अवस्था बिल्ली के खड़े रहने के समान हो जाएगी।
- अब पीठ के बीच के हिस्से को नीचे करें और सिर उठाकर सामने देखने का प्रयास करें।
- इसके बाद सिर नीचे करते हुए पीठ के हिस्से को ऊपर उठाएँ।
- अभ्यस्त हो जाने के बाद यह क्रिया थोड़ी जल्दी-जल्दी करें।
- 10 से 12 बार यह क्रिया करें।

श्वास

- श्वास लेकर सिर उठाएँ और श्वास छोड़कर सिर नीचे करें।

लाभ

- संपूर्ण उदर प्रदेश को लाभ पहुँचाता है।
- कमर, मेरुदंड एवं गर्दन में लोच एवं लचक पैदा करता है और निरोगता प्रदान करता है।
- महिलाओं के लिए अतिप्रभावकारी है।
- फेफड़ों के फैलने और सिकुड़ने के कारण ऑक्सीजन लेने की क्षमता में बढ़ोतरी होती है।
- मोटापे को दूर कर शरीर को सुंदर बनाता है।

सावधानी

- यदि मेरुदंड या पेट के किसी जटिल रोग से पीड़ित हैं तो न करें।

अभ्यास–12

इस अभ्यास में हम मेरु आकर्षासन की क्रिया करेंगे।

- पीठ के बल अपने आसन पर लेट जाएँ।
- दाईं करवट लें।
- दाएँ हाथ का सहारा देकर सिर को उठाकर हथेली गाल पर रखें या हाथ को कान से स्पर्श कराते हुए सिर की तरफ़ लंबवत् करें।
- अब बाएँ पैर को उठाकर बाएँ हाथ से पकड़ें। (या तो अंगूठा पकड़ें या फिर टखने को पकड़ें।)
- पैर को नीचे करें और फिर पैर को ऊपर उठाएँ एवं पकड़ें। इस प्रकार 10 बार करें।
- करवट बदलकर अब दाएँ पैर से भी 10 बार करें।
- अभ्यास होने पर इसमें तेज़ी लाएँ।

श्वास

- पैर उठाते समय श्वास लें और पैर नीचे करते समय श्वास छोड़ें।

लाभ

- कमर, नितंब एवं जंघाओं को सुडौलता और सुंदरता प्रदान करता है।
- वज़न कम करता है।
- महिलाएँ इस आसन को कर इससे होने वाले लाभ प्राप्त कर सकती हैं।
- कमर और पैरों के बीच संधिस्थल में निरोगता आती है।
- प्रजनन तंत्र लाभान्वित होता है।

सावधानी

- साइटिका, सर्वाइकल प्रॉब्लम, स्लिपडिस्क वाले न करें।

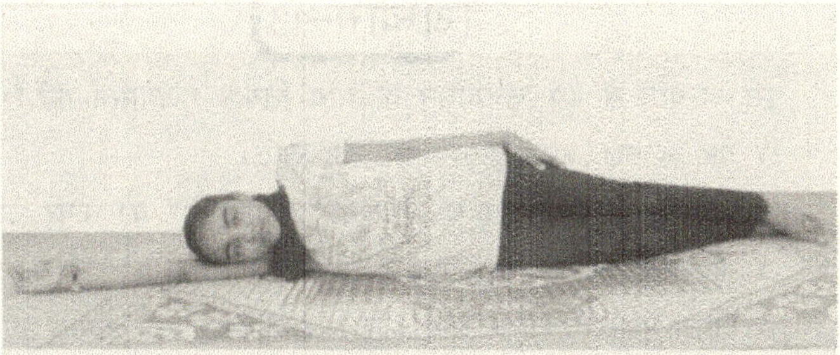

अभ्यास–13

इस अभ्यास में हम भुजंगासन के साथ तिर्यक भुजंगासन करेंगे।

- पेट के बल अपने आसन पर लेट जाएँ।
- दोनों हाथों को ज़मीन पर रखकर धड़ एवं सिर को ऊपर उठाएँ।
- अब सिर को दाईं तरफ़ घुमाते हुए पीछे बाएँ पैर की एड़ी को देखें।
- वापस मूल अवस्था में आएँ और सिर को बाईं तरफ़ घुमाते हुए दाईं एड़ी को देखें।
- इस प्रकार दोनों तरफ़ से 10–10 बार करें।

विशेष

- दाएँ-बाएँ देखने की प्रक्रिया को दो प्रकार से कर सकते हैं।
- पहला यह कि दाएँ देखने के बाद बाईं तरफ़ से भी देखें। मूल अवस्था में आए बिना ही अर्थात् भुजंगासन की स्थिति में दूसरी तरफ़ सिर घुमाकर देखें।
- दूसरा यह कि दाईं तरफ़ देखने के बाद मूल अवस्था में आएँ और फिर सिर उठाकर बाईं तरफ़ देखें। वापस मूल अवस्था में आएँ और फिर दाईं तरफ़ देखें। यह क्रम 10–10 बार करें।

श्वास

- सिर को उठाते समय श्वास लें। एड़ी को देखते समय श्वास रोकें एवं मूल अवस्था में आते समय श्वास छोड़ें।

लाभ

- मोटापा कम होता है। कमर पतली होती है। शरीर लोचदार व लचकदार बनता है।
- पाचन तंत्र के आंतरिक अंगों की अच्छी मालिश हो जाती है जिससे पाचन तंत्र के सभी अंग क्रियाशील हो जाते हैं।
- फेफड़ों की कार्यक्षमता बढ़ती है।
- सर्वाइकल प्रॉब्लम, स्लिपडिस्क, स्पॉण्डिलाइटिस वाले रोगी धैर्यपूर्वक करते हुए लाभ प्राप्त कर सकते हैं।

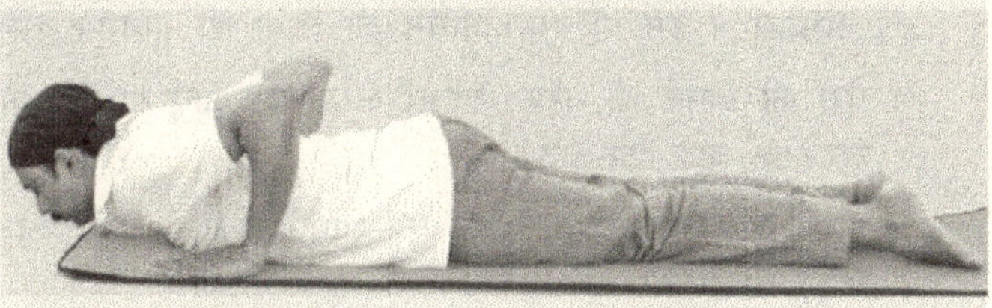

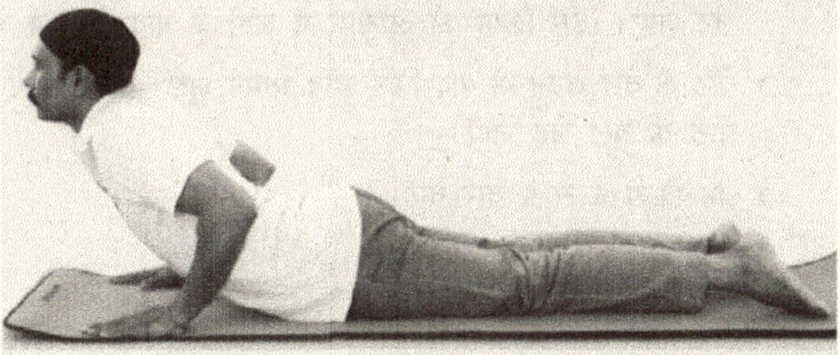

अभ्यास–14

इस अभ्यास में हम पश्चिमोत्तानासन की क्रिया को गतिमय करेंगे।

- पैरों को सामने की तरफ़ लंबवत् करके बैठ जाएँ या पीठ के बल लेटने के बाद फिर उठें।
- हाथों को सामने की ओर करें एवं सामने झुककर अंगूठे को स्पर्श करने का प्रयास करें।
- सिर को घुटनों से लगाने का प्रयास करें।
- अब सिर को उठाएँ। सीधे बैठें और फिर ज़मीन पर पीठ के बल लेट जाएँ। (इस क्रिया को अभ्यास में लाने के बाद तेज़ी से करें।)
- पीठ के बल लेटने के बाद फिर उठें। सामने झुकें। वापस आएँ और पीठ के बल लेट जाएँ।
- यह क्रिया 6 से 8 बार करें।

श्वास

- सामने झुकते समय श्वास छोड़ें और उठते समय श्वास लें।

लाभ

- महिलाओं के प्रजनन अंग के रोगों का शमन करता है।
- डायबिटीज़ वाले रोगियों को लाभ मिलता है।
- शरीर का वज़न कम कर मोटापा कम करने में सहायक है।
- पैर और पीठ की मांसपेशियों को अत्यधिक लाभ मिलता है।
- मन शांत करता है।
- सभी आयुवर्ग वालों को लाभ मिलता है।
- लंबाई बढ़ाने में सहायक है।
- पाचन तंत्र के सभी अंग पुष्ट होते हैं।

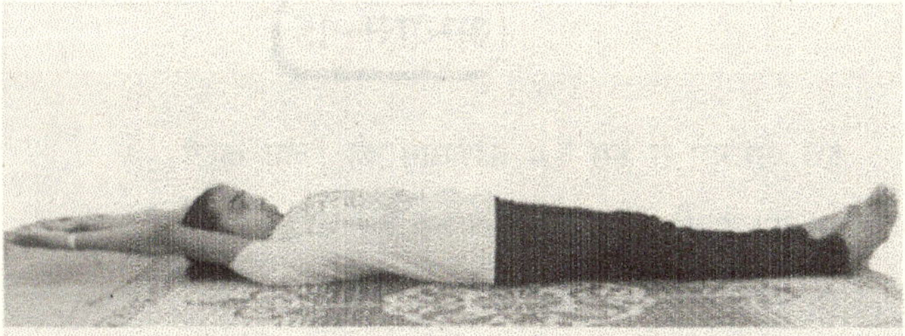

अभ्यास–15

इस अभ्यास में हम बद्ध कोणासन की क्रिया करेंगे।

- सामने की तरफ़ पैर फैलाकर बैठ जाएँ
- घुटनों को मोड़ते हुए पंजों को आपस में मिला लें।
- हाथों से पैर के पंजों को पकड़कर पेट की ओर खींचें। मेरुदंड सीधा तना हुआ रहेगा।
- अब श्वास छोड़ें और सामने झुककर नाक को ज़मीन से लगाने का प्रयास करें।
- वापस मूल अवस्था में आ जाएँ।
- अभ्यस्त हो जाने के बाद इस क्रिया में तेज़ी लाएँ।

लाभ

- पुरुष एवं स्त्री रोगों के लिए लाभकारी।
- हर्निया, अंडकोश और कूल्हों के दर्द को मिटाता है।
- गर्भवती स्त्रियाँ सिर्फ़ इस आसन में बैठें। इससे शिराओं की सूजन कम होती है।
- मेरुदंड, पीठ एवं गर्दन में खिंचाव पैदा कर रक्तसंचार बढ़ा देता है।
- पेट की चर्बी को कम करता है।

सावधानियाँ

- गर्भवती स्त्रियाँ झुकें नहीं।
- मेरुदंड के जटिल रोगी, उच्च-रक्तचाप वाले एवं हृदय रोगी तेज़ी के साथ न करें।

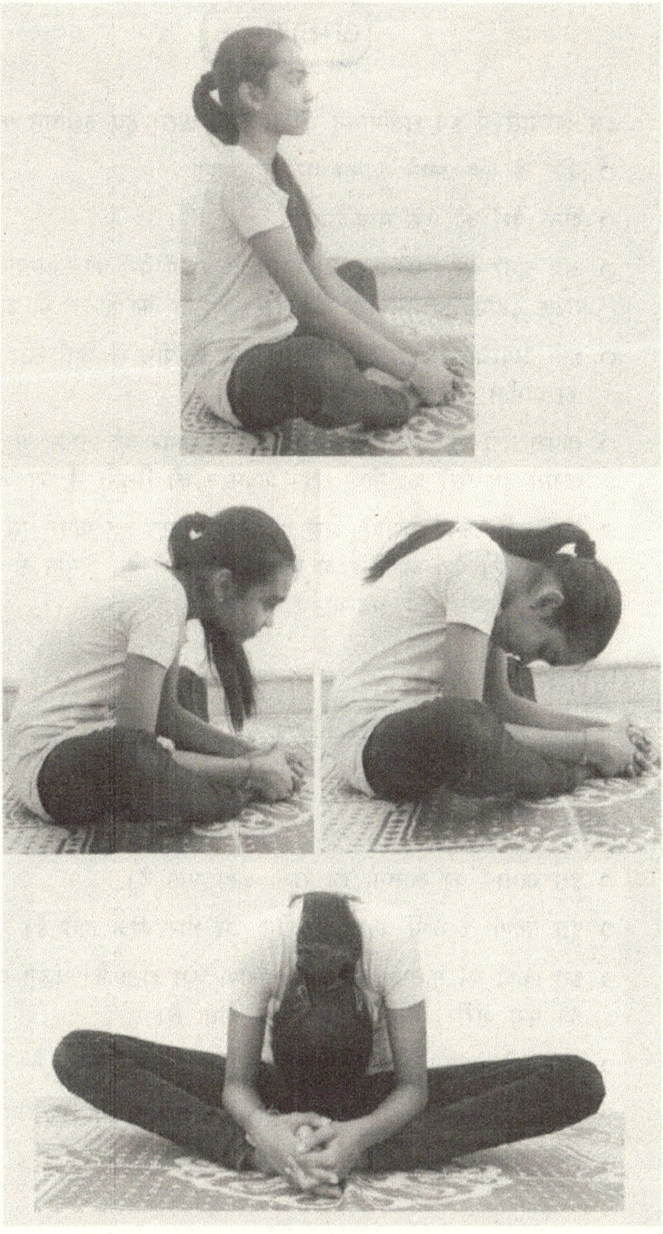

अभ्यास–16

इस अभ्यास में हम सर्वांगासन को गतिमय करते हुए हलासन करेंगे।

- पीठ के बल अपने आसन पर लेट जाएँ।
- दोनों पैरों को एक साथ उठाएँ।
- अब कमर पर हाथों का सहारा देते हुए दोनों पैरों को आसमान की तरफ़ उठाएँ। इस अवस्था में कमर एवं छाती का हिस्सा भी उठेगा।
- इसी अवस्था में धीरे-धीरे पैरों को सिर के पीछे ले जाएँ और पंजों को ज़मीन से स्पर्श कराएँ।
- वापस पैरों को ऊपर की तरफ़ लाएँ व कमर को ज़मीन से स्पर्श कराते हुए पैरों को नीचे रखें। शवासन की स्थिति में आ जाएँ।
- पुनः यही क्रिया दोहराएँ। पैरों को ऊपर उठाते हुए कमर एवं पीठ को उठाएँ। पैरों को सिर के पीछे से ले जाते हुए ज़मीन से स्पर्श कराएँ। वापस मूल अवस्था में आ जाएँ।

विशेष

- पहले की अवस्था सर्वांगासन की है। बाद की अवस्था हलासन की है।

लाभ

- इस आसन को आसनों का राजा कहा गया है।
- इस क्रिया से सभी प्रकार के रोग धीरे-धीरे ठीक होते हैं।
- इस क्रिया को गतिमय करने से मोटापा कम होता है। वज़न घटता है। पूरा शरीर धीरे-धीरे सुंदर हो जाता है।
- चेहरे की झुर्रियाँ समाप्त होकर चेहरे का निखार बढ़ता है।
- आँखें स्वस्थ होती हैं और बालों का झड़ना एवं पकना बंद होता है।
- शरीर सुंदर, सुडौल व आकर्षक बनता है।

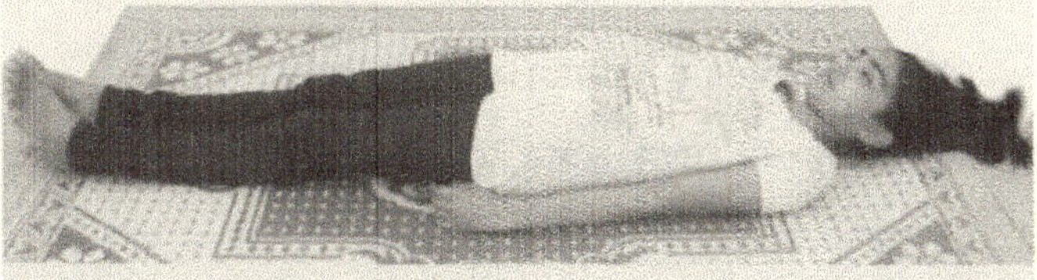

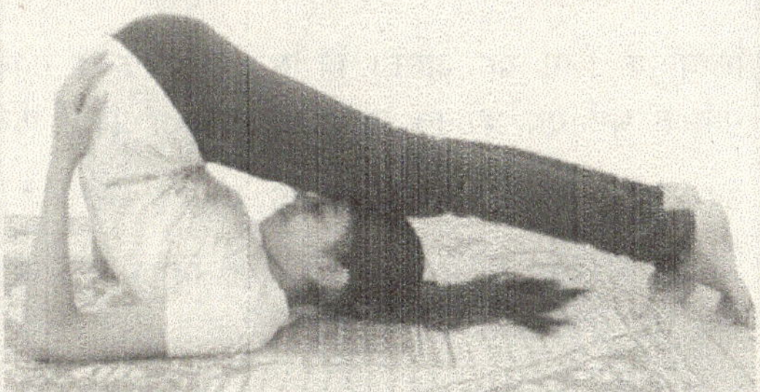

अभ्यास–17

इस अभ्यास में हम कंधरासन की क्रिया करेंगे।

- पीठ के बल अपने आसन पर लेट जाएँ।
- घुटनों को मोड़ते हुए दोनों एड़ियों को नितंबों के पास लाएँ।
- बाएँ हाथ से बाएँ पैर का टखना और दाएँ हाथ से दाएँ पैर का टखना पकड़ें।
- अब पूरे प्रयास के साथ नितंबों को ऊपर उठाएँ एवं साथ ही पीठ को भी ऊपर की ओर धकेलते हुए धनुषाकार बनाएँ।
- इसे पूर्ण आकार प्रदान करने के लिए वक्षस्थल एवं उदरप्रदेश को ऊपर की तरफ़ तानें।
- वापस मूल अवस्था में आ जाएँ। टखनों को छोड़कर विश्राम की स्थिति में आ जाएँ।
- यह क्रिया 5 से 10 बार करें।

विशेष

- नितंबों को ऊपर उठाते हुए श्वास अंदर रोककर रखें और वापस आते समय श्वास छोड़ें।

लाभ

- स्त्रियों के लिए यह आसन विशेष लाभदायक है और अनियमित मासिक धर्म एवं प्रजनन अंगों को स्वस्थता प्रदान करता है।
- उदर प्रदेश के अंगों की शिथिलता को दूर करता है।
- ऑफ़िस में काम करने वाले लोगों को नियमित अभ्यास से गर्दन, पीठ एवं मेरुदंड के दर्द से राहत दिलाता है।
- थायरॉइड, दमा एवं श्वसन तंत्र में लाभदायक है।

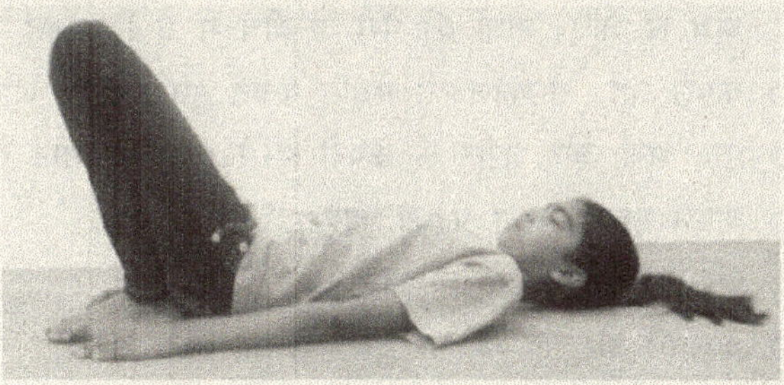

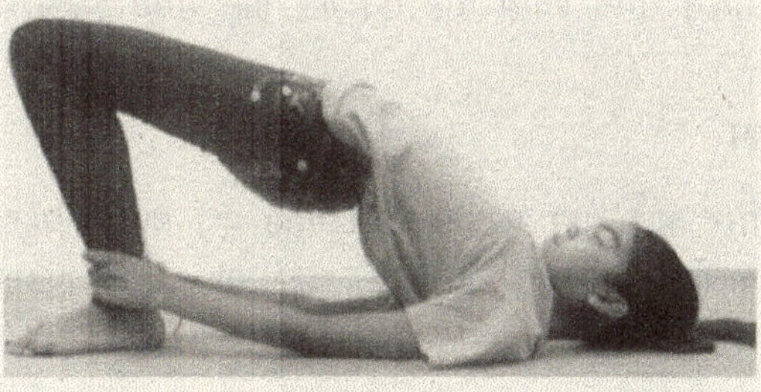

वर्कआउट–5

अभ्यास–1

इस अभ्यास में हम गतिमय समकोणासन युक्त दोलासन की क्रिया करेंगे।

- अपने आसन पर खड़े हो जाएँ।
- दोनों पैरों के बीच 1 से 1.5 फ़िट की दूरी बनाकर खड़े हो जाएँ और हाथों को ऊपर की तरफ़ कर लें।
- अब कमर से ऊपर के हिस्से को आगे की तरफ़ झुकाते हुए समकोण की स्थिति बनाएँ और फिर नीचे झुकते हुए सिर को दोनों पैरों के बीच ले जाएँ। हाथों को पैरों के बीच में से निकालते हुए झूलें।
- वापस उठें। समकोण की स्थिति बनाते हुए खड़े हो जाएँ।
- पुनः झुकें और शरीर के ऊपरी हिस्से को ढीला छोड़ दें।
- वापस मूल अवस्था में आ जाएँ।
- इस क्रिया को 5 से 10 बार करें।
- अभ्यस्त हो जाने के बाद इसमें क्रमशः तेज़ी लाएँ।

श्वास

- झुकते समय श्वास छोड़ें एवं खड़े होते समय श्वास लें।

लाभ

- सिर और चेहरे पर रक्त की मात्रा पूर्ण रूप से पहुँचने के कारण बालों का झड़ना, नेत्र रोग, चेहरे पर झुर्रियाँ पड़ना आदि रोग समाप्त होते हैं।
- मेरुदंड और कमर के संधिस्थल सुव्यवस्थित होते हैं।
- चेहरा आकर्षक एवं आँखें सुंदर होती हैं। ओज व तेज बढ़ता है।

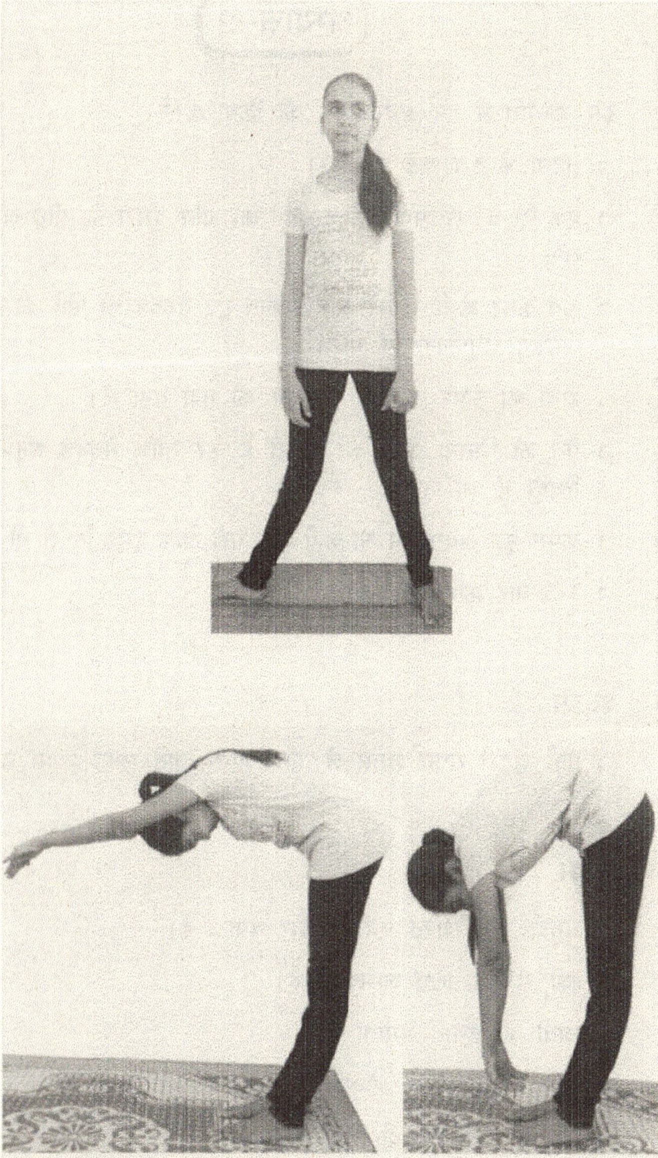

अभ्यास–2

इस अभ्यास में हम अर्धचंद्रासन की क्रिया करेंगे।

- घुटनों के बल खड़े हो जाएँ।
- एक पैर को लगभग 1 फ़िट आगे करें और दूसरा पैर पीछे लंबवत् तानें।
- अब कमर के हिस्से को आगे झुकाते हुए मेरुदंड को पीछे की तरफ़ लगभग धनुषाकार में मोड़ें।
- हाथों को ऊपर उठाकर नमस्कार की मुद्रा बना लें।
- पेट को जितना आगे कर सकते हैं करें ताकि मेरुदंड धनुषाकार स्थिति में आ जाए।
- वापस मूल अवस्था में आ जाएँ और यही क्रिया दूसरे पैर से भी करें।
- 5–5 बार क्रमपूर्वक करें।

श्वास

- पीछे झुकते समय श्वास लें और वापस आते समय श्वास छोड़ें।

लाभ

- मेरुदंड को सशक्त एवं लोचदार बनाता है।
- स्त्री रोग के लिए लाभकारी है।
- छाती को उन्नत बनाता है।
- फेफड़े के फैलने से ऑक्सीजन लेने की क्षमता बढ़ती है।
- पैरों को सुद्रढ़ता प्रदान करता है।

अभ्यास–3

इस अभ्यास में हम धनुरासन की क्रिया करेंगे।

- अपने आसन पर पेट के बल लेट जाएँ।
- घुटने से दोनों पैरों को मोड़ें।
- दाएँ हाथ से दाएँ टखने को पकड़ें और बाएँ हाथ से बाएँ टखने को पकड़ें।
- अब उदर प्रदेश में तनाव पैदा करते हुए हाथों से पैरों को ऊपर खींचकर धनुषाकार स्थिति बनाएँ।
- इस अवस्था में शरीर धनुषाकार बन जाएगा।
- अब अपने शरीर को झूले की तरह आगे-पीछे झुलाएँ।

लाभ

- मोटापा कम करता है। वज़न घटाता है।
- उदर प्रदेश में अत्यधिक तनाव उत्पन्न होने के कारण पूरे आंतरिक अंगों को सुचारु करता है।
- स्त्रियों के प्रजनन तंत्र को क्रियाशील बनाता है।
- इस क्रिया को करने से पीठ, मेरुदंड, कमर, पैर, पाचन तंत्र, फेफड़े और हाथ आदि सभी अंग प्रभावित होते हैं।
- शरीर सुंदर, सुडौल व आकर्षक बनता है।

सावधानियाँ

- किडनी, अल्सर, हर्निया, उच्च्य-रक्तचाप एवं हृदय के रोगी या तो न करें या फिर बहुत कम समय के लिए करें। योग चिकित्सक से भी सलाह ले सकते हैं।
- 5 से 10 सेकेंड के लिए 2 से 3 बार करें। अभ्यस्त हो जाने के बाद अधिक बार करें।

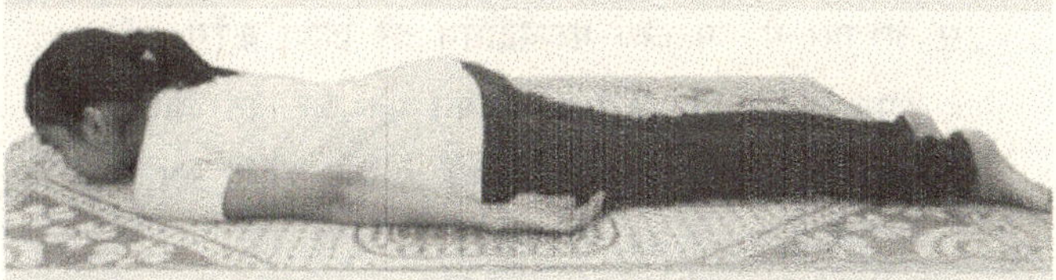

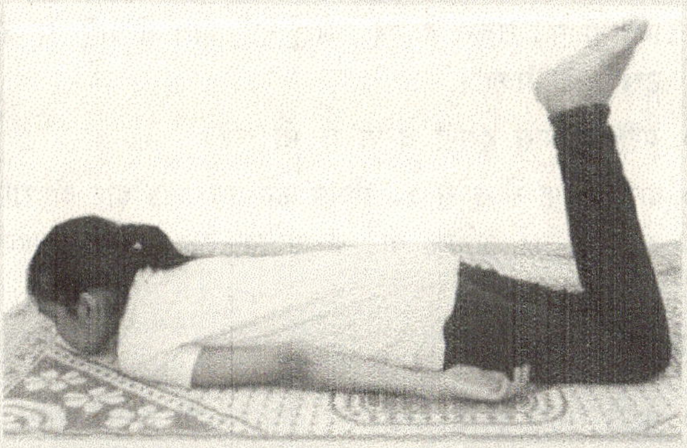

अभ्यास–4

इस अभ्यास में हम अर्ध मत्स्येंद्रासन की क्रिया करेंगे।

- अपने आसन पर पैरों को सामने फैलाकर बैठ जाएँ।
- बाएँ पैर की एड़ी को दाएँ नितंब के पास रखें। अब दायाँ पैर मोड़ें और दाएँ टखने को बाएँ घुटने के ऊपर रखें।
- दाएँ घुटने पर बाईं बगल टिकाएँ। अब दाएँ पैर के घुटने को बाएँ हाथ की बगल से अपनी तरफ़ धक्का देते हुए दाईं तरफ़ घूमें। जितना मुड़ सकते हैं मुड़ें, परंतु बाएँ हाथ से दाएँ पैर के अंगूठे या टखने को पकड़ें।
- यही अभ्यास दूसरी तरफ़ से भी करें।
- दोनों तरफ़ से 5 से 10 सेकेंड करें एवं 3–3 बार दोहराएँ। अभ्यस्त हो जाने पर अधिक बार व अधिक देर तक कर सकते हैं।

श्वास

- मुड़ते समय श्वास छोड़ें और वापस आते समय श्वास लें।

लाभ

- कमर पतली करता है। पेट के हिस्से में जमी चर्बी को कम करता है।
- पाचन तंत्र के आंतरिक अंगों की मालिश करता है।
- क़ब्ज़नाशक है।
- मधुमेह और हर्निया के विकार ठीक करता है।
- आलस समाप्त करता है।
- मेरुदंड में लोच व लचक पैदा करता है।

सावधानी

- गर्भवती महिलाएँ, स्लिप डिस्क एवं पेट के जटिल रोग वाले व्यक्ति न करें।

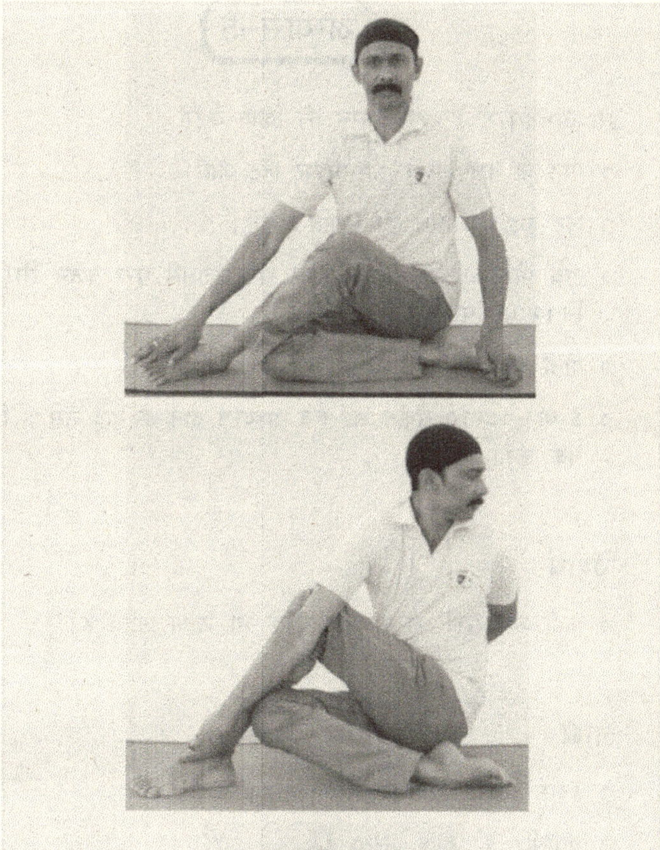

अभ्यास–5

इस अभ्यास में हम मत्स्यासन की क्रिया करेंगे।

- पीठ के बल अपने आसन पर लेट जाएँ।
- लेटे हुए पद्मासन की स्थिति बनाएँ।
- अब पीठ के भाग को ऊपर उठाएँ, जिससे पूरा वज़न सिर एवं नितंब पर पड़े।
- दोनों हाथों से दोनों अंगूठों को पकड़ें।
- 5 बार 10-10 सेकेंड करें एवं अभ्यस्त होने के बाद उसे 5 मिनट तक करें।

विशेष

- कहीं-कहीं पैरों को लंबवत करके भी किया जाता है।

लाभ

- श्वास संबंधी रोगों के लिए लाभदायक है।
- बवासीर को ठीक करता है।
- हृदय को बल प्रदान करता है।
- क़ब्ज़ दूर करता है।
- आलस्य दूर करता है।
- मेरुदंड, पीठ, फेफड़े एवं कमर को लाभान्वित करता है।
- थायरॉइड ग्रंथि ठीक करता है।
- सर्वाइकल स्पॉण्डिलाइटिस में बहुत आराम मिलता है।

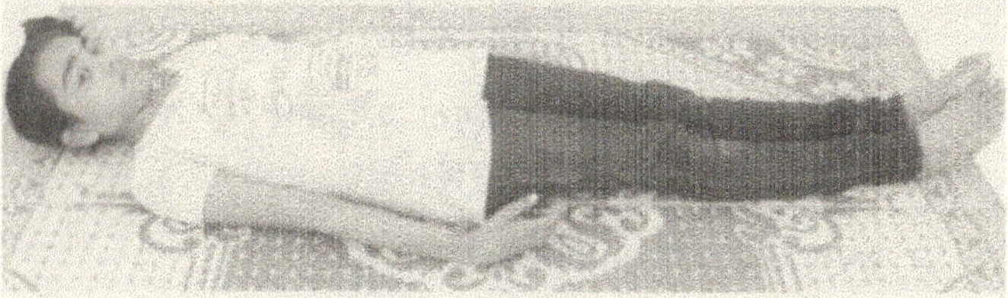

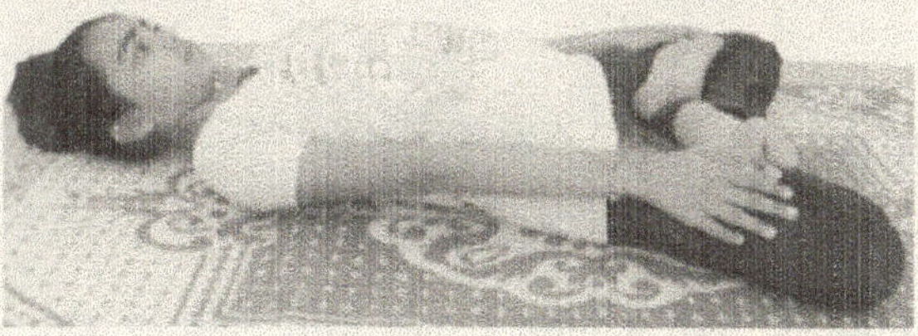

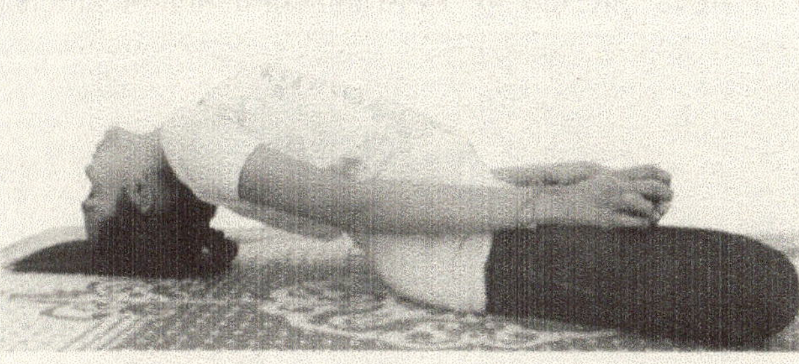

अभ्यास–6

इस अभ्यास में हम मंडूकासन की क्रिया करेंगे।

- वज्रासन की अवस्था में बैठ जाएँ।
- दोनों हाथों की मुट्ठियाँ (अंगूठों को अंदर की तरफ़ मोड़ते हुए) बनाकर पेट से चिपकाकर रखें।
- श्वास छोड़ें और सामने की तरफ़ झुकें।
- इस अवस्था में मुट्ठियों के कारण पेट काफ़ी दब जाएगा।
- 5 से 10 सेकेंड इसी अवस्था में रहें, वापस आएँ और 5 से 8 बार यही क्रिया दोहराएँ।

लाभ

- पाचन तंत्र प्रणाली ठीक करता है।
- पेट के अंदर से निकलने वाली दुर्गंध आदि दूर होती है।
- स्त्रियों के प्रजनन अंग पर प्रभाव डालता है।
- मेरुदंड और पीठ पर रक्तसंचार पर्याप्त मात्रा में होता है।

❖❖❖

"हमारा स्वास्थ्य हमारे इस विश्व को भी स्वास्थ्य प्रदान करने में सहयोगी बनता है।"

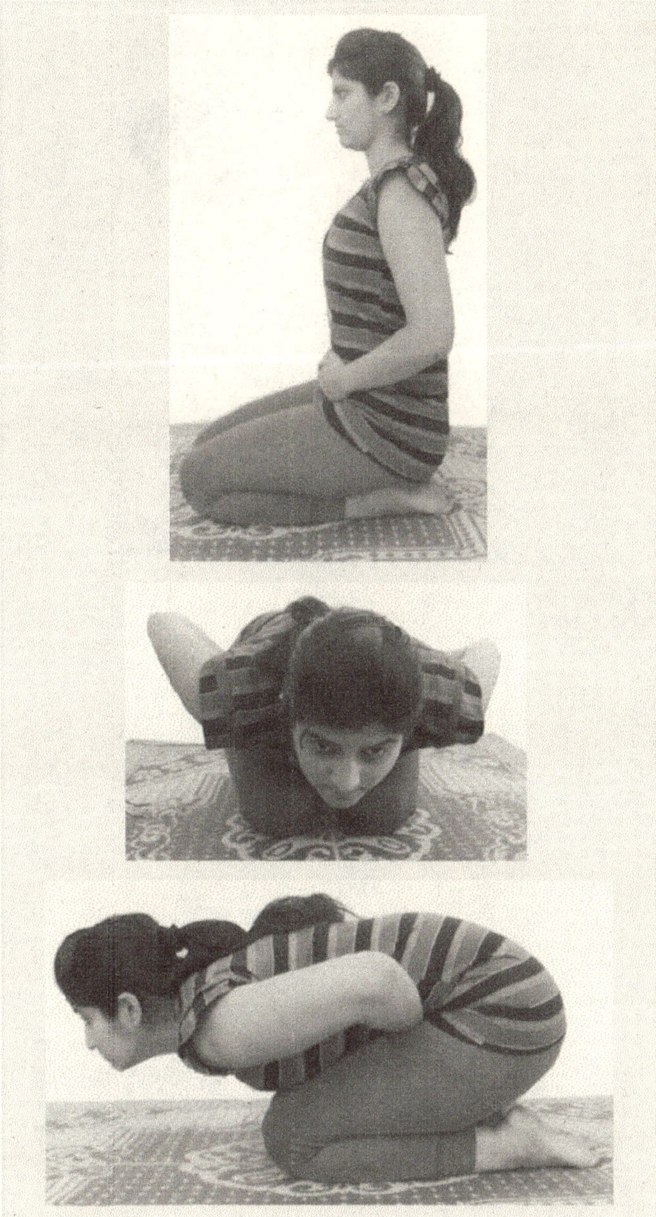

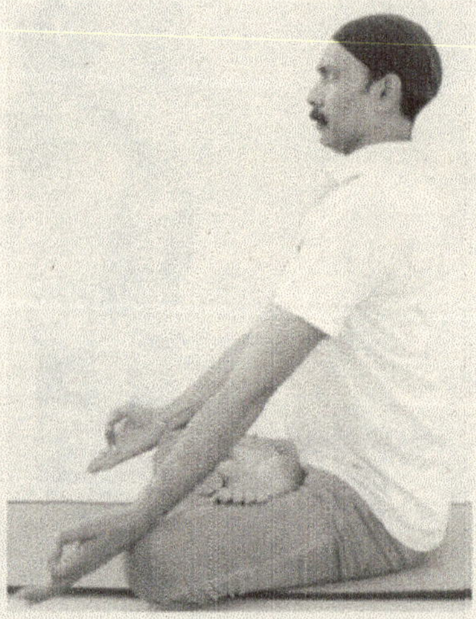

वर्कआउट–6

प्राणायाम

(एक चिंतन)

दुनिया में जितने प्रकार के आसन हैं वे प्राणायाम के बिना बहुत प्रभावकारी नहीं होते। कदाचित् प्राणायाम के साथ आसन नहीं कर पाते तो अलग से प्राणायाम अवश्य करना चाहिए।

प्राणायाम करने से हमारे अंदर उत्पन्न हुई या बची हुई ज़हरीली वायु बाहर निकल जाती है और फेफड़े शुद्ध वायु को ग्रहण करने लायक हो जाते हैं।

जब हम शांत भाव से प्राणायाम के लिए बैठते हैं, तब हमें कई बातों का ध्यान रखना चाहिए। अच्छे विचारों के साथ प्राणायाम करना चाहिए जैसे कि जब हम श्वास लेते हैं, तब यह विचार करना चाहिए कि मैं शुद्ध वायु ले रहा हूँ। यह वायु मेरे शरीर के समस्त प्रकार के रोग दूर करेगी। मैं शारीरिक रूप से स्वस्थ हो रहा हूँ। मैं मानसिक रूप से स्वस्थ हो रहा हूँ एवं मैं अध्यात्मिक रूप से भी कई शक्तियों का स्वामी हो गया हूँ। इस प्रकार अच्छा चिंतन-मनन करने से हमारी चेतना ऊर्ध्वमुखी होती है। सकारात्मक सोच बनी रहती है। जब हम श्वास बाहर छोड़ते हैं तब हमें यह सोचना चाहिए कि हमारे अंदर के समस्त रोग बाहर जा रहे हैं। नकारात्मक विचार बाहर निकल रहे हैं और मैं हल्का हो रहा हूँ।

इस प्रकार प्राणायाम को सकारात्मक सोच के साथ करना चाहिए। इससे हम श्वास लेने की कला को बेहतर ढंग से सीख सकते हैं।

लाभ

- प्राणायाम करते रहने से चेहरे पर निखार बढ़ता है।
- प्राणायाम दीर्घायु प्रदान करता है।
- प्राणायाम से रोग प्रतिरोधक क्षमता का विकास होता है।
- दूषित नाड़ियों की शुद्धि होती है।
- रुके हुए रक्त के प्रवाह को विनियमित करता है।
- प्राणायाम से जठराग्नि तेज़ होती है, अतः क़ब्ज़ का नाश होता है।
- प्राणायाम से शरीर में जीवनी शक्ति का संचार होता है।
- प्राणायाम करने से पाचन तंत्र, फेफड़े एवं हृदयप्रदेश उचित ढंग से काम करते हैं।
- प्राणायाम करने से मोटापा दूर होता है।
- मधुमेह जैसे रोगों का नाश हो सकता है।
- शरीर का वज़न कम कर स्फूर्तिवान बनाता है।
- आलस्य समाप्त होता है।
- बालों का झड़ना रुक सकता है।
- आँखों से चश्मा उतर सकता है।
- प्राणायाम करके हम हमेशा स्वयं को ऊर्जावान महसूस करते हैं।

❖❖❖

"प्राणायाम से जीवन में संतुलन आता है एवं आत्मशक्ति का विकास होता है।"

सावधानियाँ

- प्राणायाम करने की जगह स्वच्छ, हवादार एवं एकांतमय हो।
- मक्खी, मच्छर आदि से विघ्न न हो।
- प्राणायाम का समय, दिशा एवं स्थान निश्चित हो तो अति उत्तम।
- बहुत जल्दी-जल्दी प्राणायाम न करें।
- प्राणायाम एक लय के साथ करें।
- जितना समय श्वास लेने में लगा हो उतना ही समय श्वास छोड़ने का हो।
- प्राणायाम क्रमशः एवं सहनशीलता के साथ करें।

❖❖❖

"यदि आप निरोगी हैं तो सदा निरोगी बने रहने के लिए योगाभ्यास करें और यदि आप रोगग्रस्त हैं तो निरोग होने के लिए योगाभ्यास अवश्य ही करें और स्वस्थ व सुंदर हो जाएँ।"

प्राणायाम–1

इस अभ्यास में हम अनुलोम-विलोम प्राणायाम की क्रिया करेंगे।

- सुखासन के किसी भी आसन में बैठें, जिसमें अधिक से अधिक देर तक आराम से बैठा जा सके।
- मेरुदंड, गर्दन व सिर सीधा रखें।
- बायाँ हाथ घुटने पर रखें।
- दाएँ हाथ के अंगूठे को नासिका के दाईं तरफ़ रखें।
- बीच की दोनों अंगुलियाँ (तर्जनी और मध्यमा) को दोनों भौंहों के बीच रखें और अनामिका को बाईं नासिका की तरफ़ रखें।
- अब दाईं नासिका को अंगूठे से दबाएँ एवं बाएँ नासिका छिद्र से श्वास लें।
- तत्पश्चात् बाएँ नासिका द्वार को बंद करें और दाएँ नासिका द्वार से श्वास छोड़ दें।
- वापस दाईं तरफ़ से श्वास लें। दाएँ नासिका द्वार को बंद करें और बाईं तरफ़ से श्वास छोड़ दें।
- यह एक चक्र हुआ।
- अर्थात् पहले बाएँ से श्वास लेकर दाएँ से छोड़ना है फिर दाएँ से श्वास लेकर बाएँ से श्वास छोड़ना है। यह 1 आवृत्ति कहलाई।
- इस प्रकार 40 से 50 आवृत्तियाँ करें या इस प्राणायाम को 5 से 10 मिनट करें।

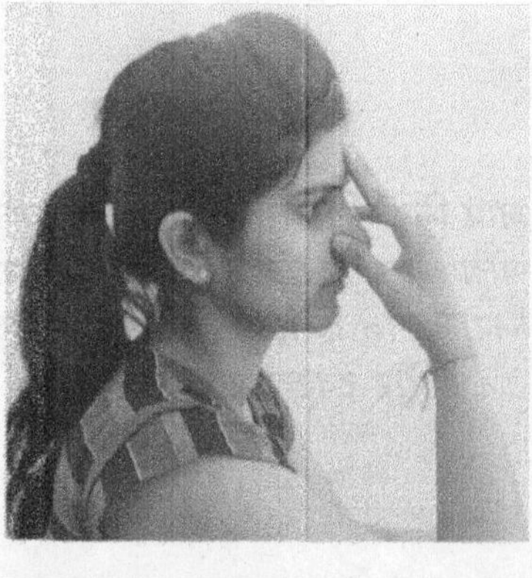

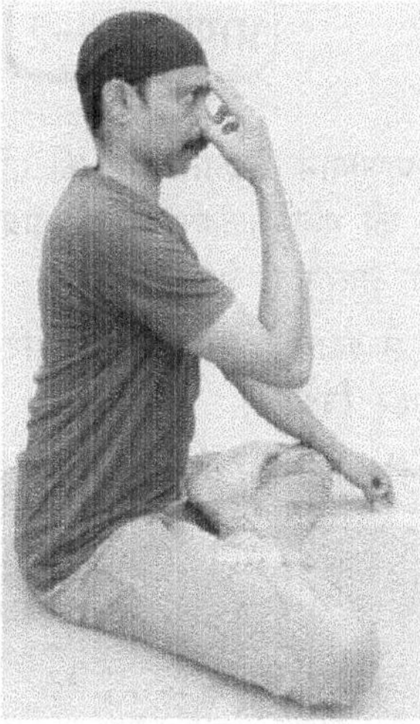

लाभ

- यह प्राणायाम समस्त प्राणायामों का आधार है।
- इस प्राणायाम को करने से शरीर की समस्त नाड़ियों की शुद्धि होती है।
- श्वास रोग, अस्थमा, कफ़ संबंधी रोग, उच्च व निम्न-रक्तचाप, माइग्रेन आदि रोगों का क्रमशः शमन करता है।
- मन शांत एवं प्रसन्नचित्त रहता है।
- शरीर में जीवनदायिनी शक्ति को बढ़ाता है।
- शरीर को ऊर्जावान बनाता है।
- पाचन तंत्र सक्रिय होता है।
- ऑक्सीजन लेने की क्षमता में वृद्धि होती है।
- चेतना ऊर्ध्वमुखी होकर शारीरिक, मानसिक एवं आध्यात्मिक शक्ति का विकास होता है।

सावधानियाँ

- जितनी देर श्वास लेने में लगी है उतनी ही देर श्वास छोड़ने में लगनी चाहिए।
- श्वास लेने में और छोड़ने में लयबद्धता होनी चाहिए।

प्राणायाम–2

- कपालभाति प्राणायाम में श्वास लेने की गति सामान्य होती है, परंतु श्वास छोड़ने की गति सशक्त रूप से तीव्र होती है। अतः सुखासन के किसी भी आसन में बैठ जाएँ।
- सामान्य रूप से श्वास लें और पेट को झटका सा देते हुए तीव्र गति से श्वास बाहर निकालें।
- फिर श्वास लें और फिर तीव्र गति से श्वास बाहर निकालें।
- श्वास लेने और छोड़ने के क्रम को बार-बार दोहराएँ।

लाभ

- शरीर का वज़न संतुलित करता है।
- मधुमेह के रोगियों को लाभ मिलता है।
- मोटापा कम करता है एवं मोटापा बढ़ने से रोकता है।
- कई असाध्य बीमारियाँ ठीक करता है।
- पाचन तंत्र क्रियाशील करता है अतः क़ब्ज़ नहीं होता।
- पेट की अतिरिक्त चर्बी कम करता है।
- फेफड़ों में जमी गंदी वायु का निष्कासन होता है।
- रोग प्रतिरोधक क्षमता का विकास होता है।

सावधानियाँ

- उच्च-रक्तचाप एवं हृदय रोगी तेज़ गति के साथ न करें और अधिक न करें।
- किसी प्रकार की परेशानी हो या चक्कर आने लगें तो तुरंत बंद करें एवं शवासन करें।
- पेट का ऑपरेशन हुआ हो या कोई गंभीर बीमारी हो तो न करें।

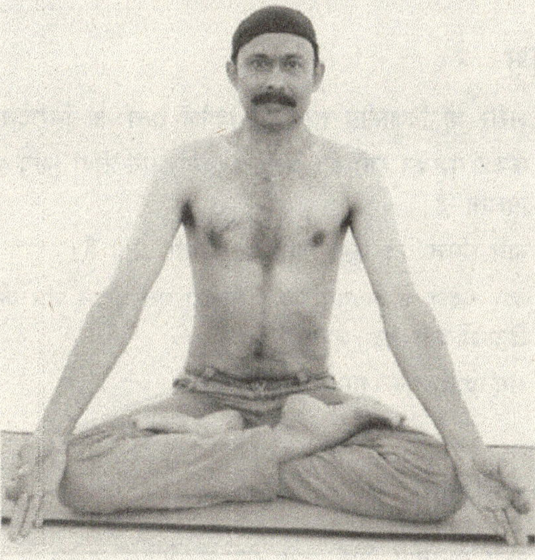

प्राणायाम–3

- भस्त्रिका प्राणायाम में तेज़ गति से श्वास लेते हैं और तेज़ गति से ही श्वास छोड़ते हैं, अतः भस्त्रिका प्राणायाम के लिए सुखासन के किसी भी आसन में बैठें।
- दोनों नासिका द्वार से तेज़ी से श्वास लें एवं उसी प्रकार तेज़ी से श्वास बाहर निकाल दें।
- तेज़ी के साथ लगभग 20 बार श्वास लें और छोड़ें। रुकें और फिर 20 बार श्वास लें और छोड़ें।
- यही क्रम तीन बार करें, अतः 20-20 के तीन चक्र हुए।

विशेष

- श्वास लेने में और छोड़ने में एक ध्वनि उत्पन्न होती है।

लाभ

- शरीर के विजातीय तत्त्व या विषैले तत्त्व का निराकरण होता है।
- फेफड़े मज़बूत होते हैं। अस्थमा (दमा) एवं टीबी (क्षय रोग) में लाभ मिलता है।
- वात, पित्त एवं कफ़ तीनों का शमन होता है।
- उदर प्रदेश के अवयव यकृत, प्लीहा एवं पाचन तंत्र की ग्रंथियों की क्रियाशीलता बढ़ जाती है।
- रोग प्रतिरोधक क्षमता बढ़ती है।

सावधानियाँ

- उच्च-रक्तचाप और हृदय रोग से पीड़ित व्यक्ति न करें।
- चक्कर आएँ या कोई परेशानी हो तो न करें।

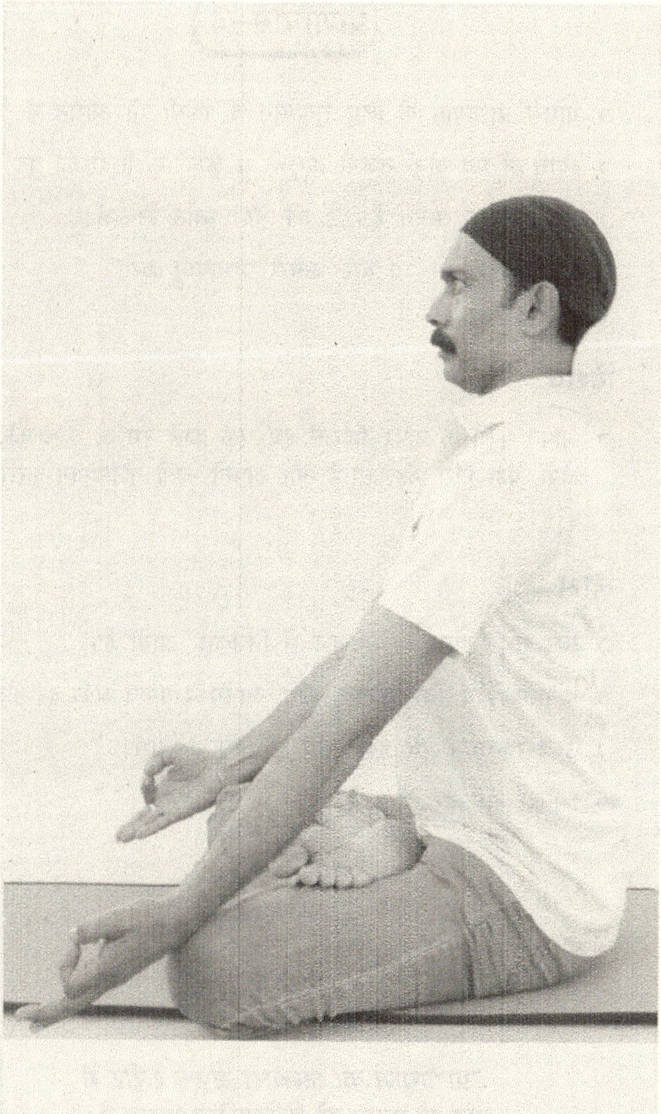

प्राणायाम–4

- भ्रामरी प्राणायाम के लिए सुखासन के किसी भी आसन में बैठें।
- श्वास लें एवं दोनों तर्जनी अंगुली से कानों के छिद्रों को बंद करें।
- अब भौंरे के समान हूँSSS की लंबी ध्वनि निकालें।
- इस प्रकार 5 से 10 बार भ्रामरी प्राणायाम करें।

विशेष

- आपने फूलों के ऊपर मँडराते हुए एक काले रंग के कीड़े को देखा होगा, वही भौंरा कहलाता है और अपनी ध्वनि गुंजायमान करता है।

लाभ

- स्वर मधुर होता है। आवाज़ में निर्मलता आती है।
- मानसिक रोग, चिड़चिड़ापन, क्रोध, आवेग व तनाव आदि दूर होते हैं।
- उच्च-रक्तचाप एवं हृदय रोग में सामान्य लाभ।
- अनिद्रा रोग दूर होता है।

❖❖❖

"प्राणायाम का अभ्यास संपूर्ण शरीर में प्राण के प्रवाह को विनियमित करता है।"

प्राणायाम–5

- ओंकार ध्वनि (उद्गीथ) प्राणायाम के लिए सुखासन के किसी भी आसन में बैठ जाएँ।
- मेरुदंड, कमर एवं सिर सीधा रखें।
- हाथों को घुटनों पर ज्ञान मुद्रा में रखें।
- आँखों को बंद करें।
- अब ओम (ॐ) की ध्वनि का उच्चारण करें। यह उच्चारण लंबा करें एवं 5 से 11 बार करें।

लाभ

- मानसिक विकार दूर होते हैं।
- मन शांत और स्थिर होता है।
- आनंद की अनुभूति होती है।
- नकारात्मक विचार दूर होते हैं।
- कई लाभ स्वतः मिलने लगते हैं। कंठ (गला) ठीक होता है।
- स्वर ठीक होता है।

❖❖❖

"जीवन से कभी निराश, हताश, उदास नहीं होना चाहिए क्योंकि आपके अंदर अनंत दर्शन, अनंत ज्ञान, अनंत सुख और अनंत शक्ति को धारण किए हुए आत्मा रूपी ऊर्जा विद्यमान है। अतः उसे पहचानें और जीवन को रूपांतरित करें।"

वर्कआउट–7

हम कोई भी क्रिया करें परंतु उसके साथ कुछ ऐसी क्रिया भी करें जो कि शरीर और मन को प्रसन्न कर दे, ताज़गी से भर दे। ऐसी क्रिया हमें अवश्य करनी चाहिए। हमने पावर योगा के साथ कुछ ऐसे ही अभ्यास जोड़े हैं, जो कि आपका उत्साह दोगुना कर देंगे।

मेंढक कूद

- हम सभी ने मेंढक के बैठने की अवस्था देखी होगी। बस हमें वैसी ही अवस्था में बैठना है। तो तैयार हो जाएँ।
- मेंढक की तरह बैठ जाएँ। अगली क्रिया के लिए तैयार हो जाएँ। जैसे मेंढक उछल-उछलकर आगे बढ़ता है वैसे ही हमें भी उछल-उछलकर आगे बढ़ना है। अपने पैरों पर ज़ोर लगाएँ और उछलकर आगे बढ़ जाएँ। इस प्रकार 10 से 15 बार उछलें एवं उछलते हुए वापस अपने स्थान पर आ जाएँ।

लाभ

- यह क्रिया प्रसन्नता से भर देती है।
- हाथ-पैर की मांसपेशियाँ मज़बूत करती है।
- रक्तसंचार तेज़ होता है।
- फेफड़ों और पाचन तंत्र की कार्यक्षमता बढ़ जाती है।

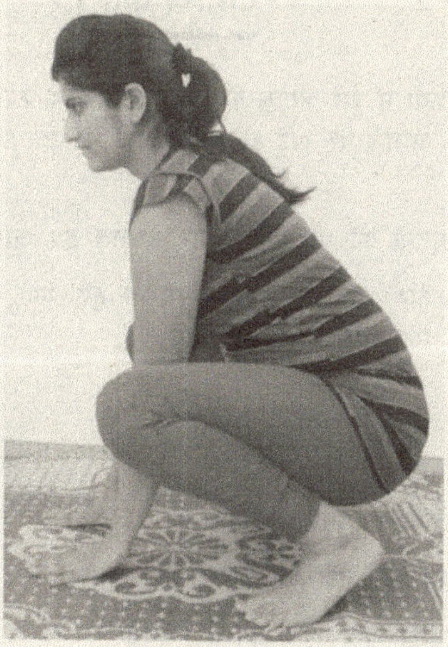

कंगारू कूद

- इस क्रिया में हमें कंगारू की तरह उछल-कूद करनी है। इसके लिए अपने आसन पर खड़े हो जाएँ। हाथों को छाती के सामने मोड़कर रखें।
- अब घुटनों को थोड़ा मोड़ें और उछलते हुए आगे बढ़ें।
- इस प्रकार 10 से 15 क़दम उछलते हुए जाएँ और वापस अपने स्थान पर उछलते हुए आ जाएँ।

लाभ

- यह क्रिया भी प्रसन्नतादायक है।
- इसे करने से नई ऊर्जा प्राप्त होती है।
- शरीर में स्फूर्ति और ताज़गी मिलती है।
- उदर प्रदेश लाभान्वित होता है।

❖❖❖

"योगाभ्यास मात्र व्यायाम ही नहीं बल्कि शारीरिक और मानसिक स्वास्थ्य प्रदान करने एवं शरीर तथा मन के एकरूप होकर कुछ नया घटित होने की संभावनाओं का क्रियात्मक अभ्यास है।"

ताली बजाना

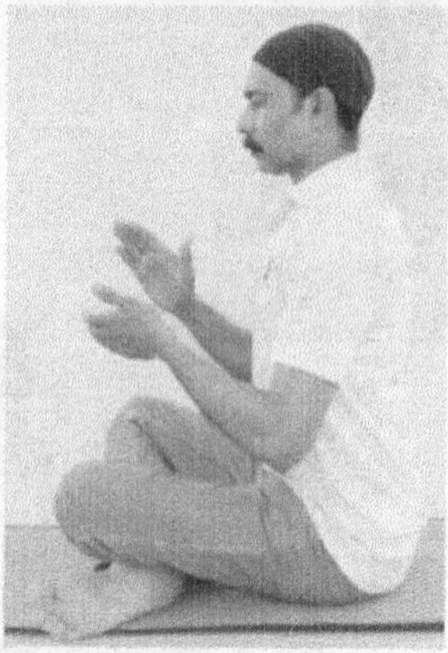

ताली बजाना एक प्रकार से प्रसन्नता प्रकट करता है, परंतु इसके पीछे विज्ञान काम करता है और वह विज्ञान है एक्यूप्रेशर। हमारे हाथों में पूरे शरीर को निरोग रखने के बिंदु होते हैं। जब हम ताली बजाते हैं तो सभी बिंदुओं का दबना स्वतः होने लगता है और हमें कई रोगों से अपने आप छुटकारा मिल जाता है। रक्तसंचार सुचारु रूप से होता है। यह क्रिया आनंददायक होती है। अतः ताली बजाने की क्रिया को योग का अंग मानें और प्रतिदिन 2 से 3 मिनिट ताली बजाएँ।

हँसना

आज व्यस्त जीवन में व्यक्ति हँसना ही भूल गया है। दिन-दिन भर निकल जाता है और यदि किसी से पूछें कि आज वह कितना हँसा है तो शायद यही कहेगा कि आज वह नहीं हँसा।

आज हँसने और हँसाने के कई कार्यक्रम टेलीविज़न पर आने लगे हैं। उसके पीछे राज़ यही है कि व्यक्ति किसी प्रकार हँस ले।

हँसने और मुस्कराने को जीवन का अंग बना लेना चाहिए। इससे कई फ़ायदे हैं। हँसना उतना ही ज़रूरी है जितना कि भोजन।

हँसने और मुस्कराने से एक साथ कई बातें घटित होती हैं। आपकी सटीक मुस्कराहट देखकर सामने वाला भी मुस्करा जाता है। वातावरण अच्छा हो जाता है। कठिन से कठिन काम आसान हो जाता है। कई प्रकार की परेशानियाँ और तनावों से मुक्ति मिल जाती है।

हँसने से शरीर में एक प्रकार का कंपन होता है, जिससे शरीर की मांसपेशियों की कार्यप्रणाली सुचारु होती है। हृदय रोग की संभावना ख़त्म होती है। फेफड़े फैलते हैं, जिससे ऑक्सीजन लेने की क्षमता विकसित होती है। आपके अंदर एक नई ऊर्जा का संचार होता है।

आइए हम हँसने और हँसाने को जीवन का अंग बना लें। इस प्रकार के प्रयोगों से हम स्वयं तो स्वस्थ होंगे दूसरों को भी स्वस्थता प्रदान कर सकेंगे।

शवासन

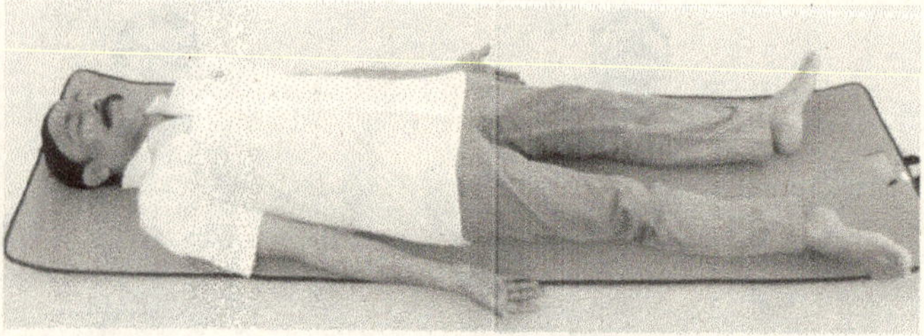

अपने आसन पर पीठ के बल लेट जाएँ। दोनों पैरों के बीच दो-तीन फ़िट की दूरी रखें। हाथों को फैला लें एवं हथेलियाँ आसमान की तरफ़ कर लें। गहरी श्वास लें और श्वास बाहर छोड़ दें। शरीर को शिथिल करें। एकाग्रता बढ़ाने के लिए श्वास की तरफ़ ध्यान दें। पूरे शरीर में शक्ति के प्रभाव का अनुभव करें। मानसिक रूप से हल्के हो जाएँ। इस प्रकार लगभग 3 मिनट से 10 मिनट तक करें।

विशेष

- जब भी आप किसी क्रिया में ज़्यादा थकान या परेशानी का अनुभव करें तो यह आसन करें। इसे अंत में ही करें ऐसा ज़रूरी नहीं है।

लाभ

- थकान मिटती है।
- मानसिक एवं शारीरिक रूप से नई चेतना मिलती है।
- उच्च-रक्तचाप में लाभ मिलता है।
- अनिद्रा के रोगियों को लाभ मिलता है।

❖❖❖

"स्वर्ग जैसा सुख चाहिए तो निर्विकार ध्यान करें।"

ध्यान

ध्यान एक बहुत ही गहरा विषय है। अलग-अलग धर्मों में अलग-अलग गुरुओं ने अलग-अलग प्रकार के ध्यान बताए हैं।

ध्यान किसका करना चाहिए, क्यों करना चाहिए एवं इसके क्या लाभ हैं - आइए इस पर चर्चा करें।

पहले हम ध्यान को परिभाषित करते हैं कि ध्यान किसे कहते हैं। किसी वस्तु पर एकाग्रतापूर्वक मन को स्थिर करने का नाम ध्यान है।

दूसरा प्रश्न है कि ध्यान किसका करना चाहिए और क्यों करना चाहिए। तो यहाँ हम यह कहेंगे कि ध्यान उसका करें जिससे मन प्रसन्न हो। आपकी सकारात्मक सोच बढ़े। आपके जीवन में आत्मा का उत्थान हो।

एक बात यह है कि हम यदि किसी वस्तु का ध्यान करते हैं तो वह धारणा कहलाती है। जिसे हम बोलचाल की भाषा में ध्यान कहते हैं, किंतु ध्यान की उच्च अवस्था तो निर्विकल्प ध्यान है। आत्मा की शुद्ध अवस्था का ध्यान ही उत्कृष्ट अवस्था है। ऐसा ध्यान जो शून्य हो, निर्विकार हो, वही ध्यान आपको अंतिम लक्ष्य तक पहुँचा सकता है।

मन की चंचलता को बाँधना, रोकना और एक जगह लगाना बड़ा कठिन प्रतीत होता है। इसके लिए क्रमशः धारणा करें अर्थात् किसी को लक्ष्य बनाकर जैसे फूल, प्राकृतिक सौंदर्य या भगवान की सुंदरतम् प्रतिमा या फिर श्वास-प्रश्वास का। आती-जाती श्वास को देखें। धीरे-धीरे एकाग्र होते हुए मन को निर्विकल्प करने का प्रयास करें और यही निर्विकल्पता आपको कई चीज़ें प्रदान कर देती है।

कहते हैं, "जैसा खाओ अन्न, वैसा बने मन", अतः ध्यान के आनंद की अवस्था को प्राप्त करना हो तो उसके लिए शुद्ध शाकाहारी भोजन बहुत ज़रूरी है। शुद्ध शाकाहारी में भी तामसी भोजन नहीं करना चाहिए। भोजन सात्विक होना चाहिए। राजसिक भोजन भी ध्यान में बाधा उत्पन्न करता है।

मन को ग्यारहवाँ प्राण कहा जाता है। मन घोड़े की तरह चंचल होता है। जिसका मन वश में है वह पूरी दुनिया को अपने वश में कर सकता है। मन को वश में करने के कई तरीक़े हैं। ध्यान की हम बात तो कर चुके हैं, इसके लिए त्राटक भी काफ़ी कारगर साबित हो रहा है। त्राटक को सम्मोहन भी कहा जा सकता है, क्योंकि त्राटक से सम्मोहन शक्ति बढ़ती है। त्राटक से एकाग्रशक्ति बढ़ती है। त्राटक से आँखें सुंदर होती हैं। त्राटक ध्यान से हम लक्ष्य तक पहुँचने में कामयाब होते हैं।

त्राटक करने के लिए सुखासन के किसी आसन पर बैठें या कुर्सी पर बैठें। मेरुदंड सीधा रखें एवं किसी काग़ज़ पर गोल छोटा सा बिंदु बना लें। उसे 3-4 फ़िट की दूरी पर आँखों के सामने दीवार पर लगा दें। उसे बगैर पलक झपकाए देखें। धीरे-धीरे अभ्यास बढ़ाएँ। अभ्यस्त हो जाने के बाद दीपक की लौ को देखें। क्रम बढ़ाते हुए तारे, चंद्र और इसके बाद सुबह के सूर्य पर त्राटक करते हुए ध्यान लगाएँ।

उपरोक्त क्रिया करने से ध्यान करने की कला में विकास होता है। शारीरिक, मानसिक आदि कई लाभ स्वतः ही प्राप्त हो जाते हैं। आध्यात्मिक स्तर बढ़ता है। मन शांत होता है। जीवन में कई उपलब्धियाँ प्राप्त होती हैं।

आहार एवं पोषण – सभी के लिए

अच्छे स्वास्थ्य के लिए सबसे ज़्यादा महत्वपूर्ण है अच्छा, उचित एवं सुयोग्य भोजन।

इसके लिए ऐसा भोजन होना चाहिए जो मल्टी विटामिन, प्रोटीन और मिनरल्स से युक्त हो।

आज के व्यस्त जीवन में हम अपने स्वास्थ्य को ही नज़रअंदाज़ कर रहे हैं। आज का दौर फ़ैशन परस्त है। हम अपने शरीर का ध्यान न रखकर दूसरों को दिखाने के लिए कुछ भी खा रहे हैं। जैसे : डिब्बाबंद भोजन, पैकेटों का महीनों से बंद पड़ा खाद्य पदार्थ, शीशियों में महीनों पुराना कोल्ड ड्रिंक एवं अन्य पेय आदि।

एक बहुत पुरानी कहावत है कि "जैसा खाओ अन्न, वैसा बने मन। जैसा पियो पानी, वैसी हो वाणी।" हम जो भोजन करते हैं वह अपने इस शरीर के लिए ही तो करते हैं। क्या हमने इसके लिए कोई पैमाना तय किया है? जैसे किस प्रकार का भोजन हमारे लिए हितकर होगा? कितना भोजन करना चाहिए? कौन सा भोजन ठीक रहता है? किस समय पर भोजन करना चाहिए? भोजन की गुणवत्ता कैसी होनी चाहिए, आदि।

आपका पेट आपका है और जो भी आप खाते हैं उस भोजन से निकला हुआ रस आपके शरीर के समस्त अंगों में पहुँचता है। वैसे ही वह आपके शरीर का निर्माण करता है। यदि आप अच्छा, शुद्ध, ताज़ा भोजन करते हैं, तो वह आपके चेहरे की सुंदरता, ताज़गी और शरीर की बनावट में चारचाँद लगाता है।

चूँकि हमारे शरीर का आकार अनिश्चित है। कोई मोटा है, कोई लंबा है, कोई दुबला है, कोई बीमार है तो कोई आज अपने आपको

स्वस्थ मानता है। यदि कोई बीमार भी है तो अलग-अलग प्रकार की बीमारी से ग्रस्त है। अतः बेहतर है कि उचित और सुयोग्य शाकाहारी भोजन करें। तब भी यदि कोई बीमार हो तो हम उसके लिए एक निर्धारित रूप से आहारावली बना सकते हैं। (हमने रोगानुसार आहारावली सामान्य रूप से दी है, लेकिन आहार विशेषज्ञ से भी सलाह लें।)

मधुमेह (डायबिटीज़)

मधुमेह से पीड़ित रोगी यदि निम्नलिखित भोजन करता है, तो वह मधुमेह को नियंत्रित कर सकता है। गेहूँ, चने और जौ की मिस्सी रोटी, चोकर वाले आटे की रोटी, अंकुरित अन्न खाएँ एवं सुपाच्य भोजन करें। ताज़ा सब्ज़ी, सलाद, खट्टे फल एवं नींबू का सेवन करें। मेथी, करेला, पालक, तुरई, शलजम, लौकी, टिंडा, परवल, सेम, चोलाई, मूली और मूली के पत्तों का साग एवं टमाटर का प्रयोग करें। मधुमेह के रोगी को जामुन और मेथी (चाहे वह सब्ज़ी हो या मेथी के दाने) बहुत ज़्यादा फ़ायदा करते हैं। सुबह-सुबह नीम की कोमल पत्तियाँ भी चबाएँ। आँवला, संतरा, ककड़ी, मोसंबी, नाशपाती, जामफल, कच्चा नारियल (ज़्यादा नहीं), मूँगफली, अखरोट, काजू, पिस्ता आदि का सेवन करें। भोजन के समय दही लें या बाद में छाछ पिएँ। क़ब्ज़ न होने दें। प्रातः उठें। भगवान का ध्यान करें और व्यायाम करें। निम्नलिखित भोजन न करें : चावल, अंडे, मछली, माँस, गुड़, शकर, शहद, मिठाईयाँ, ग्लूकोज़, जैली, जैम, टॉफ़ी, चॉकलेट, कोल्ड ड्रिंक्स, आइस्क्रीम, लीची, आम, केला, आलू, अंगूर, सिंघाड़ा, चीकू, तरबूज़, नूडल्स, पीट्ज़ा, चाय, कॉफ़ी, शकरकंद, चुकंदर आदि। तले हुए पदार्थ जैसे कचोरी, समोसे, पकोड़े, पूरी, परांठे, गरिष्ठ भोजन आदि न खाएँ। शराब न पिएँ एवं अधिक काम-वासना से भी दूर रहें।

मोटापा

मोटापा कई अच्छी चीज़ों का दुश्मन और कई बीमारियों की जड़ है।

आप ऐसा भोजन क्यों करते हैं जिससे मोटापा बढ़े और साथ में कई बीमारियों का जन्म हो?

मोटापा दूर करने के लिए भोजन की एक निश्चित योजना और व्यायाम बहुत ज़रूरी है।

एक सत्य घटना मेरे रिश्तेदार की है। उनका वज़न 126 किलो था। उनके खाने-पीने के कारण उनका पूरा घर परेशान था। पोहा, कचोरी, समोसा, भजिए उनका नाश्ता था। उनकी दो बच्चियाँ हैं। लोग उनसे कहते कि तुम्हें कुछ हो गया तो इन बच्चियों का क्या होगा। एक दिन मंदिर जाते समय रास्ते में ही वे हाँफने लगे। उनके हाथ-पैर ढीले पड़ गए। वे जैसे-तैसे मंदिर से लौटकर घर आए और दूसरे ही दिन से अपनी पूरी दिनचर्या बदल डाली। 4 से 6 महीने में उनका 48 किलो वज़न घट गया। अब उनका वज़न 78 किलो है। अब वे पहले से ज़्यादा चुस्त, ऊर्जावान और प्रसन्नचित्त रहने लगे हैं।

उनकी दिनचर्या जानें। वे प्रातःकाल उठकर 45-50 मिनट व्यायाम करते हैं। 5 मिनट के ध्यान के बाद दो गिलास पानी में आधे नींबू का रस निचोड़कर पानी पीते हैं। भोजन में दलिया, लौकी, गिल्की, पालक या कोई एक सब्ज़ी खाते हैं। साथ में टमाटर, ककड़ी आदि का सलाद और भोजन के बाद छाछ पीते हैं। दोपहर में एक गिलास जूस

लेते हैं। शाम 6-7 बजे के बीच खिचड़ी या दलिया आदि लेते हैं। उपरोक्त भोजन को उन्होंने अपने जीवन का अंग बना लिया है। तीन चीज़ें उन्होंने छोड़ दी हैं : तेल, घी और शकर (95 प्रतिशत तक)। अब उनकी उम्र भी कम दिखने लगी है।

हमने एक व्यक्ति की सत्य घटना इसलिए बताई ताकि आप जान जाएँ कि आप जो चाहें कर सकते हैं। मन के जीते जीत है। मन के हारे हार।

तब भी इन चीज़ों को भोजन और दिनचर्या में सम्मिलित करें। प्रातःकाल उठना। लगभग 1 घंटे योग एवं प्राणायाम। 5 से 10 मिनट ध्यान के बाद दो गिलास पानी में आधा नींबू निचोड़कर पिएँ। भोजन में गेहूँ का दलिया, लौकी की सब्ज़ी, गिलकी, बरबटी, पालक, कुलथी एवं सलाद का प्रयोग अधिक से अधिक करें। टमाटर का सूप, लौकी का जूस एवं छाछ का प्रयोग प्रतिदिन करें। भोजन हमेशा सादा, ताज़ा, संतुलित एवं सुपाच्य ही करें। पैदल चलने की आदत डालें। मोटापा बढ़ाने वाले अंग जैसे थायरॉइड की पूर्णतः देखभाल करें। आलस का त्याग करें। नकारात्मक विचारों को मन से निकाल दें और इन चीज़ों को न खाएँ-पिएँ : जैसे घी, तेल से बने खाद्य पदार्थ, गरिष्ठ भोजन, मिठाई, चावल, आलू, केला, अंडा, मांस, मछली, शराब, बीयर, चाय, कोल्ड ड्रिंक्स। दिन का विश्राम त्याग दें। खाना खाने के बाद तुरंत सोने एवं सुबह देर से उठने की आदत को पूर्णतः त्याग दें। भोजन की गुणवत्ता पर ध्यान दें, मात्रा पर नहीं।

❖❖❖

"आपका पेट आपका है, इसमें अच्छा भोजन डालें।"

उच्च-रक्तचाप

आज कई लोगों को यह बीमारी हो गई है। परंतु प्रत्येक बीमारी का इलाज होता है।

उच्च-रक्तचाप के लिए अंकुरित अनाज, चना, गेहूँ-चने की मिस्सी रोटी, परवल, पत्ता गोभी, पालक, टिंडा, गिल्की, पुदीना, लौकी, चोलाई, उबली हुई हरी सब्ज़ियाँ, अंगूर, सेब, संतरा, नाशपाती, सलाद आदि का सेवन करें। प्रातःकाल उठकर योग (ऐसे योग जो आपके रक्तचाप को नियंत्रित करें), ध्यान, शवासन (योगनिद्रा एक अच्छी पद्धति है जो कि मेरी अन्य पुस्तक "संपूर्ण योग विद्या" में दी हुई है) आदि करें। उच्च-रक्तचाप वाले मिर्च-मसाले, तली हुई चीज़ें, बासा भोजन, मांस, मछली, अंडे, चाय, कॉफ़ी, शराब, बीयर, तम्बाकू, मक्खन, अचार, चटपटा भोजन, अधिक मात्रा में नमक, गरिष्ठ एवं उत्तेजक पदार्थ आदि का सेवन बंद कर दें।

क्रोध से बचें। धर्म ध्यान करें। अच्छे सात्विक विचार लाएँ। बाहर के भोजन से बचें।

❖❖❖

"अपना रक्तसंचार ठीक रखना है तो सुध्यान करें।"

निम्न–रक्तचाप

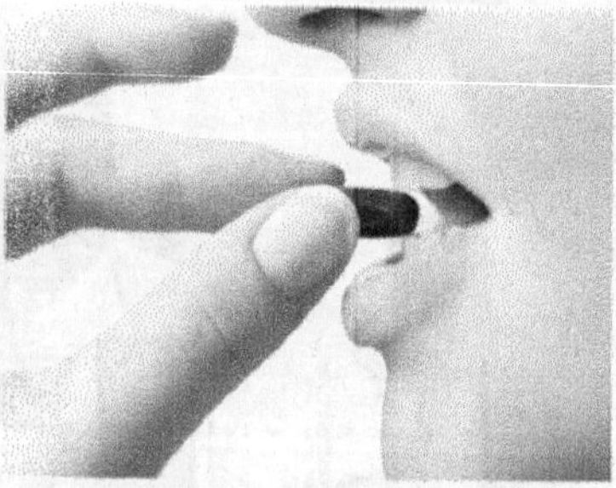

निम्न-रक्तचाप वाले प्रातःकाल उठकर नियमित योगासन व प्राणायाम (सूर्यभेदी) करें। प्रतिदिन 32 किशमिश रात में पानी में भिगोएँ एवं सुबह चबाकर खाएँ। सुपाच्य, पौष्टिक भोजन करें। सोयाबीन के व्यंजन, दूध, केसर, मुनक्का, किशमिश, बादाम, पिस्ता, काजू, अखरोट, छुहारा, घी, तेल आदि का संतुलित सेवन करें। सभी प्रकार की सब्ज़ियाँ, हरी व काली मिर्च, दालचीनी, सलाद, दही का रायता, अंगूर, खजूर, गाजर, सेब एवं सेब का जूस, चाय, कॉफ़ी आदि का सेवन करें। पानी अधिक पिएँ। सोडियम का स्तर कम है तो नमक की मात्रा पर ध्यान दें।

उपरोक्त चीज़ों का पालन करने से निम्न-रक्तचाप नियंत्रण में रहता है। इन पदार्थों का सेवन न करें : जैसे भारी, गरिष्ठ भोजन, शीतल पेय, शराब एवं तम्बाकू। निम्न-रक्तचाप के समय यदि बाईं नासिका की तरफ़ से श्वास चल रहा हो, तो तुरंत दाएँ स्वर से श्वास लेना शुरू कर दें एवं बाईं करवट लेटकर आराम करें। भोजन की गुणवत्ता के साथ-साथ मात्रा पर भी ध्यान दें।

❖❖❖

"आपकी व्यर्थ चिंता आपके व्यक्तित्व को नष्ट करती है।"

हृदय रोग

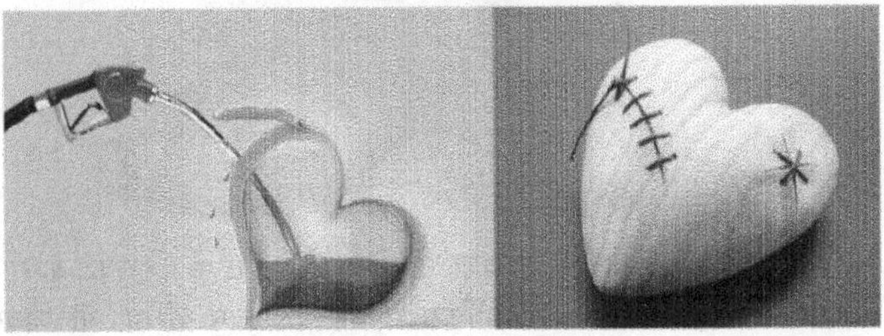

हृदय रोगी नियमित योग और उपयुक्त भोजन करें तो हृदय रोग की संभावना कम हो जाती है। तब भी निम्नलिखित बातों का ध्यान रखें। इन पदार्थों का सेवन करें : चोकर वाले आटे की रोटी, गेहूँ का दलिया, छिलके वाली मूँग की दाल, सोयाबीन, चना एवं अंकुरित अनाज, गाजर, बथुआ, मूली, टमाटर, लौकी व लौकी का रायता, करेला, अदरक, धनिया, चोलाई, परवल, पुदीना, गिलकी, टिंडा, बरबटी, सेम फली, अनार, अनानास, अंगूर, जामुन, आंवला, पपीता, केला, नारियल पानी, संतरा, मौसंबी, सूर्यमुखी का तेल, ताज़ा मीठा दही, गाय का दूध, बादाम, पिस्ता, छाछ आदि।

हृदय रोगी इन चीज़ों से बचें

भारी, गरिष्ठ भोजन, मिर्च, मसालेदार सब्ज़ियाँ, अचार, घी, मक्खन, तेल, मावा, मलाई, रबड़ी, आइस्क्रीम, केक, टॉफ़ी, शराब, मांस, मछली, अंडा, बीयर, कड़क चाय, कॉफ़ी, तम्बाकू, कोल्ड ड्रिंक्स आदि।

❖❖❖

"भविष्य ठीक करना हो तो सुयोग्य भोजन का चुनाव करें।"

क़ब्ज़

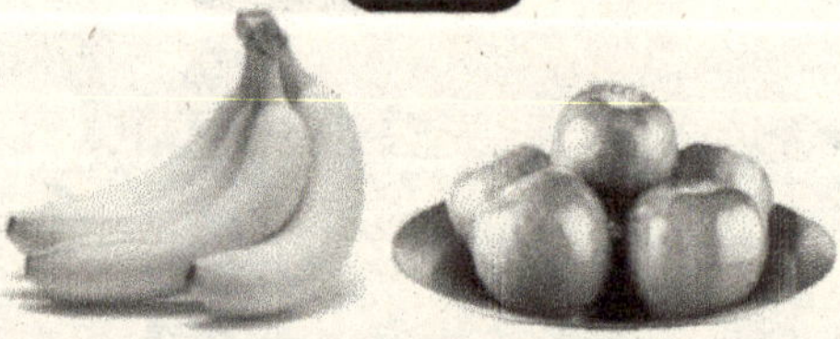

भोजन का न पचना आजकल आम बात हो गई है। इसका कारण भी स्पष्ट है : जैसे दिन भर ऑफ़िस में बैठे-बैठे काम करना, या व्यवसायी भी अधिकतम बैठकर काम करते हैं। दूसरा कारण फ़ास्ट फ़ूड खाना, तले, गरिष्ठ पदार्थ खाना एवं डिब्बाबंद, रसायन मिले हुए भोजन करना या पेय पीना भी प्रमुख है।

क़ब्ज़ दूर करने के लिए निम्नलिखित पदार्थों का सेवन करें : अंकुरित अनाज, गेहूँ के ज्वारे या उनका रस, तीन या चार प्रकार के अनाजों के आटे से बनी रोटियाँ, छिलके वाली मूँग की दाल, मिश्रित दाल, हरी सब्ज़ियाँ, लौकी, गिलकी, कद्दू, मेथी की भाजी, पालक, चोलाई, ककड़ी, केला, टमाटर, पपीता एवं पपीते का शेक, अनार, गाजर, अमरूद (जामफल), तरबूज़, खरबूज़, नारियल पानी, फलों का रस आदि। रात को सोते समय मेथी दाने (आधा चम्मच) का सेवन करें। प्रातःकाल उठें, योगासन एवं प्राणयाम करें, पैदल घूमें और मेहनत करें।

क़ब्ज़ के रोगी इन चीज़ों से बचें

आलस करना, रात को देर से सोना, देर से उठना, दिन में सोना, गरिष्ठ भोजन, तेल व घी से युक्त पदार्थ जैसे कचोरी, समोसा, भजिए, पकोड़े खाना, बासा भोजन, ठंडा भोजन, मिठाइयाँ, बैंगन, मांस, मछली, अंडा, बार-बार पेट भर भोजन करना, पानी कम पीना, अधिक चाय व कॉफ़ी पीना आदि। इन उपरोक्त बातों का ध्यान रखें और क़ब्ज़ से छुटकारा पाएँ।

इस शरीर में कई बीमारियाँ होने की आशंका बनी रहती है। यदि हम सादा, ताज़ा, स्वच्छ यानी सुपाच्य, सुयोग्य शाकाहारी भोजन करें और प्रतिदिन योग, व्यायाम, टहलना, प्राणायाम आदि करें तो हम हमेशा स्वस्थ रह सकते हैं। हम स्वयं को व अपने परिवार को, देश को और आने वाले कल को अच्छा बना सकते हैं।